Martin Kriele
Die demokratische Weltrevolution

Serie Piper

Band 486

Zu diesem Buch

Die Überwindung von Sklaverei und Leibeigenschaft, Absolutismus und Religionsverfolgung, Faschismus und Rassismus erschienen zu ihrer Zeit als aussichtslos – dennoch ließ sich der Fortschritt zu mehr Humanität nicht aufhalten. Ähnlich ist es heute: Die Demokratie, so zeigt der international bekannte Staatsrechtler und Publizist Martin Kriele in diesem Buch, wird sich auf lange Sicht auch gegen die zahlreichen diktatorischen Regierungsformen durchsetzen, weil die Natur des Menschen auf Freiheit und gegenseitige Achtung angelegt ist. Seit Immanuel Kant ist die moderne Demokratie vom Prinzip des Rechts nicht mehr zu trennen. Auch das kommunistische Weltsystem muß sich, so Kriele, an den Forderungen des Rechts messen lassen und entpuppt sich dabei als eine in Wahrheit reaktionäre Bewegung. Gegen sie wird sich die »demokratische Weltrevolution« durchsetzen, weil es zur Demokratie, das heißt: dem verwirklichten Rechtsprinzip, keine Alternative gibt. Denn auch der Friede unter den Völkern – Kants »Ewiger Friede« – ist an das Rechtsprinzip gebunden: Wer sich mit dem Unrecht in der Welt abfindet, gefährdet den Frieden. Die Alternative heißt »entweder: Friede durch Recht, oder: Weder Recht noch Friede« (Kriele).

Martin Kriele, geboren 1931, studierte Rechtswissenschaft und Philosophie in Freiburg (Brsg.), Münster und Bonn sowie an der Universität Yale. Seit 1967 Professor für Allgemeine Staatslehre und Öffentliches Recht und Direktor des Seminars für Staatsphilosophie und Rechtspolitik der Universität Köln, zugleich Richter am Verfassungsgerichtshof des Landes Nordrhein-Westfalen. Wichtigste Veröffentlichungen: »Einführung in die Staatslehre« [2]1981, »Legitimitätsprobleme der Bundesrepublik« 1977, »Die Menschenrechte zwischen Ost und West« 1977, »Recht und praktische Vernunft« 1979, »Befreiung und politische Aufklärung« [2]1986, dazu zahlreiche Fachveröffentlichungen.

Martin Kriele

Die demokratische Weltrevolution

Warum sich die Freiheit
durchsetzen wird

Piper
München Zürich

Von Martin Kriele liegt in der Serie Piper außerdem vor:
Nicaragua – das blutende Herz Amerikas (554)

ISBN 3-492-10486-x
Originalausgabe
Juli 1987
© R. Piper GmbH & Co. KG, München 1987
Umschlag: Federico Luci,
unter Verwendung eines Porträts von Immanuel Kant
(Süddeutscher Bilderdienst)
Gesamtherstellung: Clausen & Bosse, Leck
Printed in Germany

Inhalt

II. Teil: Auf dem Weg zur demokratischen Weltrevolution

III. Teil: Die demokratische Weltrevolution und der Friede

1 Einleitung

Die ersten Demokratien waren griechische Stadtstaaten in Hellas, Kleinasien, Sizilien, Süditalien und auf den Ägäischen Inseln im 5. und 4. Jahrhundert vor Christus.[1] Ihre bürgerliche Freiheit und politische Selbstbestimmung wurden zur Keimzelle einer geistigen und politischen Weltrevolution, in der wir noch mittendrin stehen. In jenen Anfängen galten Freiheit und Selbstbestimmung noch nicht für alle; Sklaverei, der Ausschluß der Frauen, die Verachtung der Barbaren waren noch selbstverständlich. Aber griechische Denker faßten schon damals den Gedanken, daß dem Menschen als Menschen – und nicht nur als Bürger der polis – Rechte zustehen und daß das Ideal der Zukunft die Freiheit für alle sei. – Die griechischen Stadtdemokratien hielten sich meist nicht länger als einige Jahrzehnte und sanken dann entweder in Tyrannei zurück oder fielen fremder Eroberung zum Opfer. Sie hinterließen unsterbliche Werke der Kunst und der Philosophie, in denen sich der Gedanke aussprach, das Gute und Schöne sei zugleich das Wahre, und dem Idealen wohne die Tendenz inne, in der Wirklichkeit in Erscheinung zu treten. Die Erinnerung, die die Menschheit den ersten Demokratien bewahrt, verwandelt sich in die Hoffnung auf die Ausbreitung der Rechtsidee über die Welt.

Einen zweiten Anlauf zur Demokratie machte das republika-

---

1 M.J. Finley, Das politische Leben in der antiken Welt, München 1986; J. Bleicken, Die athenische Demokratie, Paderborn, München, Wien, Zürich 1986; H.E. Stier, Die klassische Demokratie, Köln u. Opladen 1954; ders., Der Untergang der klassischen Demokratie, 1971; Christian Meier, Entstehung des Begriffs »Demokratie«, 1970; ders., Die Entstehung des Politischen bei den Griechen, 2. Aufl. 1983.

nische Rom: auch zunächst nur in einer Stadtverfassung, auch noch auf der Grundlage einer Sklavenhaltergesellschaft und mit einer bürgerlich-aristokratischen Prägung, aber immerhin mit der Möglichkeit der Volkswahl und der Volksgesetzgebung, an der jeder Bürger Roms teilhaben konnte.[1] Das republikanische Rom konnte sich einige Jahrhunderte lang so kraftvoll entwikkeln, daß es Herrscherin eines Weltreiches wurde. Es ging im ersten Jahrhundert vor Christus unter, als sein Ethos zerfiel und seine politische Klugheit nicht mehr ausreichte, die eigenmächtig werdenden Heerführer zu integrieren.[2] Das Kaisertum, das ihm folgte, entartete zur Tyrannis und fiel schließlich dem Ansturm der Germanen zum Opfer. Rom aber hinterließ mehr als eine Erinnerung und eine Philosophie: nämlich Rechtsinstitutionen, die sich unterhalb der Ebene des Staatsrechts noch im Kaisertum fortentwickelten, selbst dessen Untergang überdauerten und bis auf den heutigen Tag das geltende Recht in großen Teilen Europas mitprägen.

Der dritte Spiralkreis der weltgeschichtlichen Entwicklung zur Demokratie begann im 12. Jahrhundert zunächst in einigen oberitalienischen Städten und in deutschen freien Reichs- und Hansestädten[3] und wurde in der Neuzeit zuerst in England[4] zur Lebensform eines großen Territorialstaates. Das englische Vorbild von Rechtsinstitutionen der Gewaltenteilung und der judiziellen Freiheitsrechte verknüpfte sich in der amerikanischen

---

1 J. Bleicken, Die Verfassung der römischen Republik, Paderborn 1975; F. J. Finley, a. a. O.
2 Die Legende, die Republik sei an der Unfähigkeit gescheitert, das Reich zu regieren – dazu hätte es der Monarchie bedurft –, findet keine Stütze in den historischen Tatsachen. Hierzu wird der Verfasser demnächst einen Essay über Cicero vorlegen: Serie Piper, voraussichtlich 1989.
3 K. Bosl, Staat, Gesellschaft, Wirtschaft im Deutschen Mittelalter, in: Handbuch der Deutschen Geschichte, Bd. I, hrsg. v. B. Gebhardt, 8. Aufl., Stuttgart 1959, S. 585 ff., 668; E. Ennen, Die europäische Stadt des Mittelalters, 3. Aufl. 1979; Ph. Wolf, Guide International d'Histoire urbaine I, Europe, 1977.
4 Zu den geistesgeschichtlichen Grundlagen des englischen Parlamentarismus siehe K. Kluxen, in: Parlamentarismus, 1967, S. 99 ff.; M. Kriele, Einführung in die Staatslehre, 2. Aufl. 1986, insbes. §§ 26 ff., 31 f., 35 f.

und der Französischen Revolution mit der naturrechtlichen Idee der Menschenrechte und damit dem Prinzip von Freiheit und Gleichheit.[1] Aus dieser Verschmelzung von gewaltenteilendem Verfassungsstaat mit naturrechtlichen Impulsen entwickelte sich eine revolutionäre Dynamik, die die größten Teile Europas und große Teile der übrigen Welt zu demokratischen Verfassungsstaaten umgewandelt hat. In diesen können die Menschen in freier Initiative auf die Annäherung des Rechts an die Gerechtigkeit hinarbeiten. Die Demokratien überwanden Sklaverei, Leibeigenschaft, Judendiskriminierung, führten zur Gleichstellung der Frauen, zu Sozialstaatlichkeit, allgemeiner Schulbildung, zur Verbesserung des Rechtssystems, zur sozialen, kulturellen und wirtschaftlichen Entwicklung. Sie haben ein Völkerrecht entwickelt, das Frieden und Zusammenarbeit ermöglicht und dessen weltweite Anerkennung und konsequente Fortentwicklung der einzige Weg ist, auf dem die ins Unermeßliche gewachsenen Gefahren des Krieges und der ökologischen Katastrophen gebannt werden können.

Die Geschichte der demokratischen Revolution ist die Geschichte des Mündigwerdens des Menschen. An die Stelle des »Recht des Stärkeren« tritt die Achtung vor der Gleichberechtigung des anderen, an die Stelle von Parteilichkeit die Rechtsidee der Unparteilichkeit, an die Stelle von Willkür der Rechtszustand, an die Stelle von Vormundschaft die Selbstbestimmung, an die Stelle der Despotie die rechtlich gesicherte Freiheit. Sie ist die Geschichte der Beherrschung der tierisch-biologischen Natur des Menschen durch Vernunft und Moral, der allmählichen Durchdringung und Umgestaltung des Rechts durch das Naturrecht, das heißt durch das Recht, das der Natur des Menschen gemäß ist, wenn wir im Menschen nicht nur ein triebhaftes und gewalttätiges, sondern ein zu vernünftiger Selbstbestimmung und zu friedlichem und freundlichem Zusammenleben fähiges Wesen erkennen. Wäre die menschliche Natur nur triebhaft und gewalttätig, wäre gerechtes Recht unmöglich, wäre sie friedlich und freundlich, wäre zwangsweise Rechtsdurchsetzung überflüssig. Da sie aber zwischen Gut und Böse schwankt, ist Fort-

1 Eingehender: M. Kriele, Einführung in die Staatslehre, §§ 37 ff., 66 ff.

schritt des Rechts möglich und zugleich nötig, um den Menschen vor Unterdrückung und gegenseitiger Vernichtung zu bewahren und um den Rechtsfrieden zu schaffen, in dem er seine besten Möglichkeiten entfalten kann. Das Recht, das den Menschen und den Völkern Freiheit zur Selbstgestaltung ihres Lebens gewährleistet und diese Freiheit zugleich so beschränkt, daß die anderen Menschen und Völker die gleiche Freiheit genießen, ist die der Natur des Menschen allein gemäße Gestalt des Zusammenlebens. Das ist der Grund, weshalb der demokratischen Revolution eine natürliche Tendenz auf universale Ausbreitung über die ganze Menschheit innewohnt: sie ist die Weltrevolution schlechthin. Dies jedenfalls war die Lehre der politischen Aufklärung des 18. Jahrhunderts, die wir in Erinnerung rufen und zugleich im Lichte unserer heutigen Erfahrung prüfen wollen.

Die Aufklärer des 18. Jahrhunderts hielten die demokratische Revolution in Europa für unaufhaltsam und meinten, ihr wohne die Tendenz inne, zur Weltrevolution zu werden und die sich ihr entgegenstemmenden Kräfte zu überwinden. Um sich zu vergegenwärtigen, welche Gründe sie dazu veranlaßten, empfiehlt es sich, sich vor allem an Immanuel Kant zu orientieren, und zwar aus drei Gründen. Einmal: Kant lebte gegen Ende des 18. Jahrhunderts und konnte die verschiedenen Strömungen jenes Jahrhunderts schon aufnehmen und verarbeiten, ja sogar die Erfahrung der Französischen Revolution mit berücksichtigen. Zum anderen: Kants überlegene denkerische Kraft hat die Resultate der Aufklärung kritisch gefiltert und neu begründet. Und schließlich finden wir bei Kant die Gedanken der Aufklärung auch moralisch geläutert: ohne jede Trübung durch Ressentiments (wie bei Rousseau), durch Spottlust und Kirchenhaß (wie bei Voltaire) oder durch sonstige Nebenmotive stimmen bei ihm Geist und Herz zusammen. Unbedingte Aufrichtigkeit verbindet sich mit reiner Menschenliebe und dem moralischen Impuls, dem Recht zum Recht zu verhelfen.

Die demokratische Weltrevolution wird allerdings gegenwärtig durch die sozialistische Gegenrevolution, die ebenfalls eine Weltrevolution zu sein beansprucht, blockiert und teilweise zurückgeworfen und muß nun mit ihr rivalisieren. (Die dritte große Revolution, die islamische, beschränkt sich selbst auf die islamischen Teile der Welt.) Der Sozialismus ist Gegenrevolution, wenn und soweit er die staatsrechtlichen Rahmenbedingungen der demokratischen Verfassungsstaaten in Frage stellt, nicht, wo er sie (als Sozialdemokratie oder demokratischer Sozialismus) unbedingt anerkennt. Zwischen demokratischem und gegenrevolutionärem Sozialismus gibt es gleitende Übergänge dort, wo der Fortschritt des Sozialismus als so grundlegend gilt, daß dem demokratischen Verfassungsstaat, wenngleich anerkannt, nur sekundär Wichtigkeit zugemessen wird.

Die sozialistische Gegenrevolution tritt mit dem Anspruch auf, sich auf eine »zweite Aufklärung« zu gründen und die Vorbedingungen dafür zu schaffen, daß die Ideale der »ersten Aufklärung« wirklich werden können: Der demokratische Verfassungsstaat sei nur der Überbau über Kapitalismus, Imperialismus und Neokolonialismus: seine Freiheit sei die der ausbeuterischen Besitzindividualisten. Der sozialistische Staat schaffe die ökonomische Basis, auf der die Ideale der politischen Aufklärung – Freiheit, Gleichheit, Brüderlichkeit – verwirklicht würden, so daß der Staat absterben könne. Die sozialistische Gegenrevolution wollte – in Anknüpfung an die politische Aufklärung – Zustände überwinden, »in denen der Mensch ein erniedrigtes, ein geknechtetes, ein verlassenes, ein verächtliches Wesen ist«.[1] Wer dieses Ziel ernst nimmt, muß die Frage ernst nehmen, auf welchem Wege wir uns ihm nähern können. Die sozialistische Gegenrevolution führt in Zustände, in denen der Mensch ein erniedrigtes, geknechtetes, verlassenes, verächtliches Wesen ist. Wir wissen dies aus 70 Jahren Erfahrung, aber wir können uns die Gründe dafür auch theoretisch vergegenwärtigen. Die Bedingungen eines menschenwürdigen Lebens hängen entscheidend von Recht und Verfassung ab. Diese bilden die Basis auch für die materiellen Lebensbedingungen. Die Annahme, es verhalte sich umgekehrt: die Produktionsverhältnisse bildeten die Basis und Recht und Verfassungen seien nur ihr »ideologischer Überbau«, ist ein fundamentaler Irrtum mit verhängnisvollen Konsequenzen.

---

1 Karl Marx (1818–1883), Zur Kritik der Hegelschen Rechtsphilosophie, in: Marx/Engels, Über Religion, Berlin 1958, S. 38.

Die sozialistische Gegenrevolution hat diesen Irrtum zum Dogma erhoben. Ihre Anhänger unterstützen es mit dem Argument, sie träten damit »konsequent an die Seite der Armen und Unterdrückten«. Aber sie sprechen – ganz offenkundig – nicht die Wahrheit. Denn die Armen und Unterdrückten in den sozialistischen Staaten sind ihnen gleichgültig. Sie nehmen die Frage, wie das Elend der Armen und Unterdrückten wirklich überwunden werden kann, gar nicht ernst und lassen sich weder auf ökonomische noch auf rechtliche noch auf philosophische Studien und Diskussionen ein, sondern ersetzen sie durch den Dogmatismus der Parteilichkeit.

Die sozialistische Gegenrevolution führt in den voraufklärerischen Zustand der Despotie zurück und ist die Gegenaufklärung schlechthin. »Aufklärung«, sagt Kant, »ist der Ausgang des Menschen aus seiner selbstverschuldeten Unmündigkeit.«[1] Die sogenannte »zweite Aufklärung« ist der Rückgang des Menschen in die selbstverschuldete Unmündigkeit.

Die sozialistische Gegenrevolution besitzt gewiß eine gewaltige Macht. Aber da sie sich nur durch Gewalt und Propaganda ausbreiten und erhalten kann und der Natur des Menschen nicht gemäß ist, kann sie nur ein vorübergehendes Zwischenspiel in der Geschichte der Menschheit sein: die furchtbare Konsequenz aus einem furchtbaren Irrtum. Die Macht, die sie im Laufe des 20. Jahrhunderts erlangt hat, wird künftige Generationen mit Verwunderung erfüllen und nicht mehr sein als eine Lektion über die Verführbarkeit des Menschen.

Die sozialistische Gegenrevolution hat rund ein Drittel der Menschheit unterworfen. Sie entwickelt eine Dynamik der Zukunftsgewißheit – »der Sozialismus siegt« –, die in den Demokratien nicht selten Selbstzweifel, Selbstrelativierung, Lähmung, Resignation, ja Tendenzen zum Zurückweichen und zur Selbstaufgabe auslöst. Deshalb erhebt sich die Frage, ob dieser Pessimismus wirklich berechtigt ist. Wir wollen ihm nicht unsererseits

---

1 Immanuel Kant, Beantwortung der Frage: Was ist Aufklärung?, Bd. XI, S. 53. Kant-Zitate beruhen auf der Werkausgabe (Taschenbuchausgabe): Immanuel Kant, Werk in zwölf Bänden, hrsg. v. Wilhelm Weischedel, 7. Aufl., Frankfurt a. M. 1985.

Zweckoptimismus entgegensetzen, sondern versuchen, die tatsächlichen Kräfteverhältnisse realistisch einzuschätzen und die Schwierigkeiten, Rückschläge und Gefahren, die die demokratische Revolution bedrohen, ungeschminkt in die Bilanz einzusetzen.

Zieht man eine solche Bilanz auf der Grundlage eines Querschnitts der Gegenwart, so scheinen sich die Kräfte ungefähr die Waage zu halten: dem militärischen Gleichgewicht entspricht ein politisches Gleichgewicht. Auf diesem Gedanken beruht die Politik der Entspannung und der gegenseitigen Anerkennung des territorialen Status quo. Diese Politik ist um der Erhaltung des Weltfriedens willen unverzichtbar. Sie wendet sich jedoch ins Unrealistische, wenn sie den Glauben erzeugt, daß beide Revolutionen auf moralische und geschichtliche Dynamik verzichten könnten. Die sozialistische Revolution tut das nicht, sondern versucht, sich vor allem in der dritten Welt auszubreiten, mit dem erklärten Ziel, das politische Gleichgewicht zu destabilisieren und zur Lebensform der Menschheit zu werden. Ihr steht – ob wir es wollen oder nicht – die der demokratischen Revolution innewohnende, auf Universalität der Menschenrechte zielende Dynamik entgegen.

Wir können also die Kräfteverhältnisse nur dann richtig einschätzen, wenn wir über den momentanen Querschnitt hinaus diese Dynamik ins Auge fassen: ihre Quellen, ihre Tendenzen, ihre Gründe, ihre Zielrichtung, das Maß ihrer Kraft. Wenn wir das tun, so wird sich zeigen, daß wir keinen Grund zur Resignation haben, wohl aber Grund, uns vor einem Pessimismus zu hüten, der zur »self-fulfilling prophecy« werden könnte. Die großen Aufgaben unserer Zeit – wie die Sicherung des Friedens, die Abwendung ökologischer Katastrophen und die Überwindung des Elends, vor allem in der dritten Welt – werden durch sozialistische Zwangsherrschaft vollends unlösbar. Ihre Bewältigung setzt Vernunft und Zusammenarbeit und deshalb vor allem Recht, Freiheit und Demokratie voraus – die einzig realistische Alternative zum »Recht des Stärkeren«. Zwar müssen wir mit schweren Rückschlägen und Opfern rechnen, in langfristigen Zeiträumen denken und gewaltige Anstrengungen auf uns nehmen. Gleichwohl: Die Frage kann nur sein, ob die Kraft der demokratischen Revolution ausreicht, das begonnene Wachstum in kontinuierlicher Fortentwicklung des schon Erreichten fortzusetzen, oder ob es nach einer Katastrophe des Zusammenbruchs eines neuen Anfangs in einem vierten Kreis der Wachstumsspirale bedarf. Wenn die Analyse sich nicht auf die äußeren Kräfteverhältnisse beschränkt, sondern die geistige, moralische, rechtliche, politische Dynamik, die letztlich die Geschichte bestimmt, miteinbezieht, so gewinnen wir die Erkenntnis, daß wir Grund haben zu der Zuversicht: die Freiheit wird sich durchsetzen.

I. Teil
Revolution und Gegenrevolution

Kapitel 1
Das Recht des Menschen als Mensch

2 Was bleibt von der Idee des Fortschritts?

Der Grundgedanke der aufklärerischen Geschichtsphilosophie, wie Kant sie zusammenfaßte, war: im Laufe der Weltgeschichte habe sich der Rechtsgedanke von Freiheit und Gleichheit ausgebildet. Er sei im Begriff, sich im modernen Staat durchzusetzen und sich über die Welt auszubreiten.[1] Deshalb sei die Geschichte weder als eine sich wiederholende Abfolge zyklischer Kreisläufe zu verstehen, wie es die Antike sah, noch als eine Verfallsgeschichte, wie sie etwa Rousseau im ersten »discours« beklagte[2], noch als sinnloses Auf und Ab wechselvoller Geschehnisse, wie es seit König Salomo die Skeptiker aller Zeiten sahen. Sie sei vielmehr über alles Unglück hinweg, gewissermaßen aus der Vogelperspektive betrachtet, die Grundlage, auf der der Mensch zur Freiheit und damit zu seiner inneren Bestimmung komme: erst einzelne, dann einige, schließlich alle. Darin lag für Kant eine gewisse Zwangsläufigkeit, die auch für die Zukunft einen weiteren Fortschritt versprach. Der Rechtsgedanke von Freiheit und Gleichheit schlage sich innerstaatlich in der Geltung der Menschenrechte, der Gewaltenteilung und der repräsentativen Demokratie nieder, zwischenstaatlich in einer völkerrechtlichen Rechtsordnung, zu der es keine Alternative gebe, wenn die zerstörerischen Kräfte des Krieges gebändigt werden sollten.

---

1 Kant, Idee zu einer allgemeinen Geschichte in weltbürgerlicher Absicht, XI, S. 48; ders., Zum ewigen Frieden, XI, S. 212; hierzu: Gerhard Luf, Freiheit und Gleichheit, 1978, S. 4, 9, 49 ff.; M. Kriele, Freiheit und Gleichheit, in: Handbuch des Verfassungsrechts, 1983, S. 129 ff.

2 Jean-Jacques Rousseau (1712–1778), »Discours sur les sciences et les arts«, 1750.

Wir wollen die Frage aufwerfen, wie sich diese Naturrechtslehre und ihre Geschichtsphilosophie heute, nach 200 Jahren geschichtlicher Erfahrung, darstellt, ob sie uns widerlegt erscheint
oder ob in ihr zumindest ein berechtigter Kern liegt und falls ja,
welche Gründe dafür sprechen und welche Indizien darauf hinweisen.

Wir müssen aus der Fortschrittsidee zunächst den rechts- und
staatsphilosophischen Kern herausschälen und alles abscheiden,
was sonst noch dazugerechnet wurde. Denn die Fortschrittsphi-
losophie war zwar in erster Linie, aber keineswegs nur Rechts-
und Staatsphilosophie: sie bezog sich auch auf den Fortschritt
von Wissenschaft und Technik und der auf sie sich gründenden
Industrie und Wirtschaft, wie bei Condorcet und Turgot[1], auf
den zivilisatorischen Fortschritt der Sitten, der Bildung und der
Kunst (wie bei Voltaire[2], dem eigentlichen Begründer der Fort-
schrittsphilosophie), auf den Fortschritt der individuellen Moralität, wie in Lessings »Erziehung des Menschengeschlechts«[3],
auf den Fortschritt in der Bildung der Volksgeister, wie bei Herder[4], auf den Fortschritt des menschlichen Bewußtseins von der
theologischen über die metaphysische zur positivistischen Welt-
sicht, wie bei Comte[5].

All dieser »Fortschritt« ist uns in seinem Wert zutiefst zweifelhaft geworden. Die explosionsartigen Fortschritte, die Wissenschaft und Technik in den letzten zwei Jahrhunderten gemacht
haben, sind zwar staunenswert, aber die unvorhergesehenen
Nebenfolgen verheerend – bis hin zur Gefahr des kollektiven
Selbstmords der Menschheit durch Krieg oder ökologische Katastrophen.

Von einem Fortschritt der Sitten, der Bildung und der Kunst

1 Condorcet, Antoine (1743–1794); Turgot, Robert (1727–1781): Questions
importantes sur le commerce (1755).
2 Voltaire, François-Marie (1644–1778), vor allem in: »Dictionnaire philo-
sophique«, 1764.
3 Gotthold Ephraim Lessing (1729–1781): Die Erziehung des Menschengeschlechts, 1780.
4 Johann Gottfried von Herder (1744–1803): Auch eine Philosophie der Geschichte zur Bildung der Menschheit, 1774.
5 Comte, Auguste (1748–1857), vor allem: Discours sur l'esprit positif, 1844.

mag man heute, am Ende des 20. Jahrhunderts, höchstens noch ironisch reden. Was den moralischen Fortschritt auf dem Wege der Erziehung des Menschengeschlechts betrifft, so läßt er sich nur begründen, wenn man die Lehre von der Reinkarnation des Menschen voraussetzt – das hat Lessing selbst ausgesprochen und sich deshalb zu dieser Lehre bekannt.[1] Ohne diese Voraussetzung scheitert der Optimismus, daß die Erziehung zu einem moralischen Fortschritt führen könnte, an der Erkenntnis, daß erworbene Eigenschaften nicht vererblich sind. –

Der sogenannte Bewußtseinsfortschritt zum Positivismus hin erscheint uns als Selbstbeschränkung des geistigen Interesses und als ein dogmatisiertes Frageverbot, dem wir uns heute immer weniger zu beugen gewillt sind. So ist es nicht verwunderlich, daß der Fortschrittsoptimismus der Aufklärung einer skeptischen und in mancher Hinsicht tieferen und wahreren Weltbetrachtung Platz gemacht hat, die man unter dem Begriff der »Postmoderne« zusammenzufassen pflegt.

Das aber, was untergeht, der Fortschrittsoptimismus im Blick auf Wissenschaft und Technik, auf Moral und Erziehung, auf die Veredelung des Menschen und seiner Zivilisation, berührt nicht ohne weiteres auch den Rechtsgedanken. Dieser ist vielmehr zur Grundlage aller Legitimation geworden, nachdem der moderne Territorialstaat die traditionalen Legitimitäten abgebrochen hat.

3 Das »Recht des Menschen« im Völkerrecht

Die politische Aufklärung war Naturrechtslehre. Sie orientierte sich an der Natur des Menschen als Mensch, nicht als Katholik oder Protestant, als Christ oder Heide, als Europäer oder Asiate, als Weißer oder Farbiger. Ihre Frage war die nach den Bedingungen, unter denen die Menschen friedlich und freundlich zusammenleben und zusammenwirken können. Ihre Antwort war: indem sie sich in den Rechtszustand versetzen, und das heißt in einer Formel Kants: indem sich die Menschen und Staaten gegenseitig als gleichberechtigt anerkennen und ihre Freiheit nach

---

1 G. E. Lessing, a. a. O., Ziff. 94–100.

allgemeinen Gesetzen so weit einschränken, daß die Freiheit eines jeden mit der Freiheit aller zusammen bestehen kann.[1] Indem sie das tun, ordnen sie ihre tierisch-biologische Natur ihrer Vernunftnatur unter und überwinden damit das Prinzip vom Recht des Stärkeren, Schnelleren, Schlaueren, Brutaleren, Skrupelloseren. Damit schaffen sie zugleich die Freiheit, in der jeder Mensch und jedes Volk sich selbst bestimmen kann, um die besten in ihm angelegten Möglichkeiten zu verwirklichen, brüderlich zusammenzuarbeiten und miteinander Frieden zu halten.

Frage und Antwort haben rein innerweltlich-rationalen Charakter und sind an keinerlei theologische Voraussetzungen gebunden. In ihnen drückt sich das naturrechtliche Minimum aus, das alle Religionen, Kulturen, Traditionen übergreift und das unerläßlich ist, um eine universale Friedensordnung zu begründen. Lediglich die Zusatzfrage: Wieso sollen wir die Bedingungen friedlichen und freundlichen Zusammenlebens wollen? verweist auf eine Sittlichkeit, die ihrerseits zwar ferne religiöse Wurzeln hat, die aber nicht von sich aus schon eine konfessionelle Ausprägung hätte, ja die auch in vorchristlichen Religionen schon lebendig und auch in vorchristlichen Philosophien, wie etwa der Stoa, schon anerkannt war. Diese Sittlichkeit kann auch von Atheisten vorausgesetzt und anerkannt werden und hat von ihnen in der Geschichte der Aufklärung oft sogar nachdrücklichere Unterstützung gefunden als von den Kirchen. Grotius meinte: »Naturrecht gälte selbst dann, wenn es keinen Gott gäbe oder er sich um menschliche Dinge nicht kümmerte.«[2]

Die Reformation hat die Naturrechtslehre zwar ursprünglich verworfen (Calvin noch nachdrücklicher als Luther), ihr aber doch mittelbar den Boden neu bereitet, indem sie die Einheit von Reich und Kirche sprengte und die Kirche in Kirchen spaltete.

---

1 Kant, Metaphysik der Sitten: Einteilung der Rechtslehre, VIII, S. 337 und S. 345 sowie: Über den Gemeinspruch: Das mag in der Theorie richtig sein, taugt aber nicht für die Praxis, XI, S. 144.
2 Hugo Grotius (1583–1645), Prolegomena No. 11, in: De iure belli ac pacis, 1625, übersetzt von J. H. v. Kirchmann: »Des Hugo Grotius drei Bücher über das Recht des Kriegs und des Friedens, in welchem das Natur- und Völkerrecht und das wichtigste aus dem öffentlichen Recht erklärt werden«, Bd. 1 u. 2, Berlin 1869.

Die bloße Tatsache der konfessionellen Pluralität erzwang, zumal aus den Erfahrungen der konfessionellen Unterdrückung und Bürgerkriege und schließlich des 30jährigen Krieges, Formen des rechtlich geregelten Miteinanderlebens. Diese Rechtsregeln konnten ihren legitimierenden Grund nur in der Vernunft des Friedens, der gegenseitigen Anerkennung, des wirtschaftlichen Verkehrs, des gesicherten Reisens und ähnlichem haben – kurz in Regeln, die nicht unmittelbar in der einen oder anderen Theologie, sondern in der die Konfessionen übergreifenden autonomen Vernunft wurzelten. Die modernen Modelle dieser Rechtsbegründung waren im Völkerrecht vorgebildet worden, und zwar zunächst in der spanischen Naturrechtslehre des 16. Jahrhunderts.

Vitoria (1492/93–1546)[1] wurde von Karl V., der in Salamanca – schon als Kaiser – seine Vorlesungen hörte, beauftragt, Richtlinien für die Missionierung der Indianer auszuarbeiten. Er war ein persönlicher Freund von Las Casas[2] und von diesem über die Ausplünderung, Versklavung und Vernichtung der Indianer unterrichtet. Die spanische Rechtfertigung dafür war, daß die Indianer als Heiden keine Rechtssubjekte seien und daß mit ihnen geschlossene Verträge keine Verbindlichkeit hätten. Dem hielt Vitoria den Naturrechtsgrundsatz entgegen, daß die Menschen in ihrer Natur prinzipiell gleich und frei seien. Das ihrer Natur gemäße Verhalten sei das Verhältnis von Freien und Freunden. Dieser Grundsatz war schon in der Antike vorgeprägt: wir finden ihn etwa in der Stoa und bei Cicero. Damals war er nur philosophische Idee und moralischer Anspruch. Jetzt gewann er eine politische Dynamik, die die Welt zu revolutionieren begann. Vitoria zitierte Ovid: »Non enim homini homo lupus est, sed homo«[3]: Der Mensch ist für den Menschen nicht ein Wolf, sondern ein Mensch. Vitoria folgerte Rechtsregeln der Gegen-

---

1 Zu Francisco de Vitoria vgl. vor allem: Joseph Höffner, Christentum und Menschenwürde. Das Anliegen der spanischen Kolonialethik im Goldenen Zeitalter, Trier 1947.
2 Zu Bartolomé de Las Casas (1474–1566) vgl. vor allem: L. Hanke, The Spanish struggle for justice in the conquest of America, New York 1949.
3 Francisco de Vitoria, De Indis, Sectionis tertiae, De titulis legitimis, Nr. 3.

seitigkeit und der Universalität gemäß dem Grundsatz: »Neminem laedere«: Was du nicht willst, das man dir tu, das füge auch keinem anderen zu. Weder der Papst noch der Kaiser seien Herr des ganzen Erdkreises. Missionierung sei nur in der Form der freien Verkündigung, nicht des Zwanges erlaubt. Unglaube aber hebe weder das natürliche noch das menschliche Recht auf. Die Indianer seien sowohl kraft ihres eigenen Rechts als auch kraft des universalen Naturrechts als Eigentümer und freie Vertragspartner zu achten.

Vitorias Schüler Suárez (1548–1617)[1] entwickelte nicht nur die völkerrechtlichen und naturrechtlichen Grundlagen fort, sondern wandte ihre Grundsätze auch auf die inneren Verhältnisse an: Der Staat sei ein freier Zusammenschluß von Familien um gemeinsamer Zwecke willen, wie Frieden, Gerechtigkeit, wirtschaftlicher Austausch und Verteidigung gegen Feinde. Er gewinne aus diesen Zwecken seine Rechtfertigung und Autorität: man müsse die ihn tragenden Rechtsregeln so denken, als sei er aus einem Staatsvertrag, der die freie demokratische Zustimmung aller gefunden habe, hervorgegangen: insofern sei die »natürliche Staatsform« an sich die Demokratie. Auch Suárez wandte sich strikt gegen die Vergewaltigung der Kolonialvölker. Diese seien vielmehr in ihrer eigenen Ordnung zu achten.

Zwar sahen sich sowohl Vitoria als auch Suárez genötigt, den spanischen Herrschaftsansprüchen gewisse Konzessionen zu machen. Aber die von ihnen entwickelten Prinzipien entfalteten ihre eigene geschichtliche Dynamik. Sie stießen zwar zunächst noch auf Widerspruch sowohl im katholischen als auch im protestantischen Raum. Das katholische Denken hielt zunächst noch an der Einheit von Kirche und Reich fest, erhob Universalitätsansprüche für das Reich und konnte sich deshalb nicht selbst relativieren. Der Protestantismus verwarf die Einheit von Kirche und Reich und folglich auch das damit verknüpfte Naturrecht. Aber auch eine rein innerweltlich-rationale Naturrechtslehre war ihm fremd – schon aufgrund seines voluntaristischen Gottesbildes, in dem Luther und Calvin übereinstimmten. Den-

---

1 Zu Francisco Suárez vgl. vor allem: Heinrich Rommen, Die Staatslehre des Franz Suárez S. J., Mönchen-Gladbach 1926.

noch fand das Naturrecht seinen Durchbruch zunächst im protestantischen Teil Europas, hier freilich zunächst bei theologischen Abweichlern, und zwar zunächst wiederum aus den Bedürfnissen des Völkerrechts heraus.

Einer der bedeutendsten Repräsentanten des naturrechtlichen Denkens war Hugo Grotius (1583–1645)[1], der in seiner calvinistischen holländischen Heimat wegen Zweifeln an der Prädestinationslehre und seines Eintretens für die Willensfreiheit zu lebenslänglichem Gefängnis verurteilt worden war und sich der Strafe nur durch Flucht hatte entziehen können. Hugo Grotius pflegt man auch den »Vater des Völkerrechts« zu nennen, dem er in der Tat wesentliche Impulse gegeben hat.[2] Sein Anliegen war vor allem die Freiheit der Meere gegen spanische und englische Monopolansprüche und die Piraterie. Um ein universales Völkerrecht, das nicht nur katholische und protestantische Länder, sondern auch die türkischen oder indischen Heiden einschloß, zu rechtfertigen, bedurfte es seiner Begründung auf der natürlichen menschlichen Vernunft. Die Quelle des Rechts seien weder Vertrag noch Gesetzgebung, noch natürliche Gotteserkenntnis, noch die Einsicht in erste Prinzipien, sondern die Erkenntnis der Bedingungen des friedlichen und freundlichen Zusammenlebens. Diese Bedingungen zu erkennen, in völkerrechtlichen Regeln niederzulegen, diese zu achten und als verbindlich anzuerkennen, sei das Gebot der menschlichen Vernunft schlechthin.

4 Der absolutistische Pflichtenstaat

Nachdem dieser Gedanke in der Völkerrechtslehre Fuß gefaßt hatte, floß er – vor allem unter dem Zwang der konfessionellen

---

1 Zu Hugo Grotius vgl. vor allem: W. S. M. Knight, The life and works of Hugo Grotius, London 1925; E. Wolf, Hugo Grotius, in: Große Rechtsdenker der deutschen Geistesgeschichte, Tübingen 1963, S. 253–310; W. J. M. van Eysinga, Hugo Grotius – Eine biographische Skizze, Basel 1952.

2 Doch stützte sich Grotius nicht nur der Sache nach, sondern auch ausdrücklich auf die spanische Völkerrechtslehre, insbesondere auf Vitoria und dessen Schüler Vasquez, Suárez und Covarruvias, die er zusammenfassen und fortsetzen wollte.

Bürgerkriege – auch in die Staatsrechtslehre ein. Die politische Aufklärung ging aus der Naturrechtslehre hervor. Sie hat sie in dreierlei Hinsicht umgestaltet: Erstens hat sie sie universalisiert. Sie löste das Naturrecht endgültig aus seiner Verflechtung mit dem Recht des mittelalterlichen Reiches. Zweitens hat sie das Naturrecht zugleich emanzipiert: es kam nun für die rechtliche Anerkennung nicht mehr darauf an, ob der Mensch zur Kirche gehört, ob er Christ oder Heide ist. Drittens hat sie das Naturrecht dynamisiert: dieses legitimierte nun nicht mehr nur den Widerstand gegen tyrannische Entartung mit dem Ziel der Wiederherstellung des guten alten Rechts. Es wurde vielmehr zur treibenden Kraft der Umgestaltung des positiv geltenden Rechts mit dem Ziel seiner Annäherung an Freiheit und Gleichheit, also zur Kraft der demokratischen Revolution und der Rechtsreformen innerhalb der Demokratien.

Die Frühaufklärer des 17. Jahrhunderts konnten freilich den Absolutismus noch nicht in Frage stellen. Sie begründeten zwar die staatliche Legitimation aus einem gedachten Staatsvertrag, dem jeder seine Zustimmung erteilen konnte, weil er ein Minimum an Rechtsfrieden gewährleistete. Dieser Staatsvertrag begründete das Gewaltmonopol des Territorialherrn, das Fehde und Bürgerkrieg zu überwinden vermochte.[1] Innerhalb des so begründeten Staates aber gab es nur einseitige Pflichten des Fürsten gegenüber seinen Untertanen, denen keine ihnen entsprechenden Rechte des Untertanen gegenüberstanden.

Nachdem sich im kontinentalen Europa des 17. Jahrhunderts der territoriale Fürstenstaat auf der Grundlage absolutistischer Herrschaftsmacht durchgesetzt hatte, gab es zunächst keinen Raum für ein zweiseitiges Rechtsverhältnis zwischen Bürger und Staat, sondern nur für Rechte, die der Fürst einseitig gewähren oder zurücknehmen konnte, die ihn selbst aber nicht banden, ja über die er im Einzelfall auch hinweggehen konnte. Der Kern der absolutistischen Lehre war, daß der Fürst die Quelle allen Rechts sei: er konnte das Recht setzen, gestalten, umgestalten, aufheben oder durchbrechen. Er herrschte »legibus absolu-

---

1 Vgl. M. Kriele, Einführung in die Staatslehre, 2. Aufl. 1981, §§ 9 ff.

tus«, vom Recht unabhängig.[1] Er stand nicht unter, sondern über dem Recht. Die Rechtsphilosophie des Absolutismus war die des Rechtspositivismus, am konsequentesten zu Ende gedacht im 16. Jahrhundert bei den französischen »Politiques«, im 17. Jahrhundert bei Thomas Hobbes (1588–1679)[2]. In einem solchen Rechtsdenken verlor das Naturrecht seine Funktion als Korrektiv und Interpretationsferment. Es wurde von Hobbes nur noch zu dem Versuch herangezogen, um eben diesen positivistischen Absolutismus als die einzige dem Naturrecht gemäße Staatsform zu legitimieren.

Das in der Völkerrechtslehre entwickelte rationale Naturrecht der Anerkennung des Menschen als Menschen lebte aber in der rudimentären Form moralischer Appelle fort. Der Fürst konnte dem Untertan gegenüber wenigstens Pflichten haben. Zwar waren es nur unvollständige Pflichten, denen keine ihnen entsprechenden Rechte gegenüberstanden, die der Untertan dem Fürsten gegenüber hätte geltend machen können, aber doch einseitige moralische Pflichten, die aus Tradition, Sittlichkeit, Religion oder aber auch aus der Vernunft begründet werden konnten. Man konnte sie zum Beispiel in »Fürstenspiegeln« zusammenfassen und dem Fürsten ins Gewissen reden. Solche Pflichtenkataloge konnten sich auf das Überlieferte beschränken, es war aber auch möglich, diesen Rahmen zu sprengen und Überlegungen einzubauen, die an die Vernunftnatur des Menschen anknüpften.

Die rationale Naturrechtslehre, die im Völkerrecht gegenseitige, einander entsprechende Pflichten und Rechte begründet hatte, konnte sich im Staatsrecht im Laufe des 17. Jahrhunderts nur in dieser deformierten Gestalt in Europa ausbreiten. Man beschränkte sich auf die Pflichtenseite und sah sich genötigt, die Rechte wegzulassen. So hat man das Naturrecht zwar formal halbiert, konnte aber seine materialen Gehalte dennoch zur Gel-

---

1 Hierzu Dieter Wydukel, Princeps Legibus Solutus, Eine Untersuchung zur frühmodernen Rechts-Staatslehre, Berlin 1979.

2 Hierzu vgl. Martin Kriele: Die Herausforderung des Verfassungsstaats, Hobbes und englische Juristen, Neuwied 1970; auch: Einführung in die Staatslehre, 2. Aufl. 1981, §§ 9–14 und 30–36.

tung bringen und diese auf die Bedürfnisse des innerstaatlichen Rechts hin umgestalten und erweitern.

Obwohl dieses Naturrecht den Absolutismus formell anerkannte, höhlte es ihn gleichzeitig aus und bereitete in seinem Inneren – zunächst kaum bemerkt und nicht einmal bewußt beabsichtigt – eine Architektur vor, die später, als die Fassade des Absolutismus einstürzte, den Staat stabil zu tragen imstande war. Besonders nachhaltige Wirkung hatte die Ausarbeitung des Naturrechts bei Pufendorf (1632–1694)[1], vor allem mit der Lehre, der Fürst habe die Pflicht, die Würde des Menschen zu achten.

Der Idee der Würde des Menschen wohnte die Dynamik einer Eichel inne, die zur Eiche wird.[2] Erstens haftete die Würde jetzt nicht mehr an Stand oder Verdienst, sondern am Menschsein des Menschen schlechthin. Ist sie zu achten Pflicht, so sind insofern alle Menschen *gleich* zu achten.

Zweitens gehört zur Würde des Menschen, daß er im Rahmen seiner Pflichten und äußeren Gegebenheiten einen Spielraum *freier* Selbstbestimmung hat, in dem er seine besten individuellen Anlagen und Möglichkeiten zur Entfaltung bringen kann. Die Pflicht des Fürsten, seine Würde zu achten, bedeutete für das 17. Jahrhundert vor allem, ihn im Kernbereich seines Gewissens zu achten und seine Konfession zu tolerieren, darüber hinaus aber die allgemeine Beachtung des damaligen Standards judizieller Rechte, insbesondere der Verschonung von willkürlicher Verhaftung und Verfolgung.

Nachdem auf diese Weise die Rechtsidee von Gleichheit und Freiheit in die absolutistische Pflichtenlehre eingedrungen war, folgte drittens, daß die Würde des Menschen die Anerkennung einer Rechtsstellung des Menschen verlangt: der Mensch wurde vom Objekt der Fürstenpflicht zum *Rechtssubjekt*. Die Aufklä

---

1 Zu Samuel Pufendorf vgl. vor allem: Hans Welzel, Die Naturrechtslehre Samuel Pufendorfs. Ein Beitrag zur Ideengeschichte des 17. und 18. Jahrhunderts, Berlin 1958.

2 Zu den Ursprüngen der Idee von der Würde des Menschen aus der hermetischen Tradition, vor allem bei Pico de Mirandola (1463–1494), vgl. Hubert Cancik, Die Würde des Menschen ist unantastbar. Religions- und philosophiegeschichtliche Bemerkungen zu Art. 1 S. 1 GG, in: Hermann Funke (Hrsg.), Utopie und Tradition, erscheint 1987.

rung des 18. Jahrhunderts zog diese Schlußfolgerung als eine zwingende Konsequenz aus der Würde des Menschen. Pufendorfs Anerkennung des Absolutismus und seine Einkleidung des Naturrechts in eine Pflichtenlehre erwiesen sich als ein Schleier, der eine ausgearbeitete Rechtslehre verhüllt hatte. Zog man den Schleier weg, wurde eine Naturrechtslehre sichtbar, in der den Pflichten des Fürsten Rechte des Menschen entsprachen: die Menschenrechte auf Gleichberechtigung, Freiheit und Selbstbestimmung. Und dieses Naturrecht verlangte seine Konsequenz im Staatsrecht der Gewaltenteilung und der Demokratie.

5 Von der »Toleranz« zum »Menschenrecht«

Dem Unterschied zwischen absolutistischer Pflichtenlehre und republikanischer Rechtslehre entspricht der Unterschied zwischen Toleranz und Menschenrecht. Toleranzen kann der Machthaber gewähren oder zurücknehmen, sie liegen in seinem Belieben. Ob er sie überhaupt gewährt und wie weit er dabei gehen will, ist eine Frage der politischen Klugheit, des Kalküls seiner Machtinteressen, der außenpolitischen Rücksicht, vielleicht auch der moralischen Großmut. Das Menschenrecht hingegen erhebt den Anspruch, ein juristisch vollgültiges Recht zu werden, dem eine Pflicht des Machthabers zu seiner Respektierung entspricht. Ist es juristisch gewährleistet, so hängt seine Geltung nicht von politischen Opportunitätserwägungen ab, es gilt auf Dauer und verläßlich. Wo nur Toleranzen gewährt sind, muß der Mensch sich jederzeit auf die Möglichkeit ihrer Rücknahme oder Einschränkung einstellen, er lebt im Zustand der Angst. Erst wo an die Stelle der Toleranz der Rechtszustand getreten ist, der das Menschenrecht institutionell gewährleistet, kann der Mensch aufrecht gehen und genießt die Sicherheit, daß der Machthaber ihn in der Ausübung dieses Rechts nicht beugen kann und wird.

Politische Begriffe erhalten ihr Relief vor dem Hintergrund des Gegenbegriffs, gegen den sie sich abgrenzen. »Menschenrecht« wurde in der Sprache der Aufklärung geradezu zum Gegenbegriff von »Toleranz«. Das erscheint uns auf den ersten Blick befremdlich; denn für unsere Ohren unterscheidet sich etwa »religiöse Toleranz« nicht wesentlich von »Religionsfreiheit«. Für das 18. Jahrhundert war aber die Unterscheidung zwischen beiden Begriffen wesentlich. Sie wurde zum Sprengsatz für die Welt der absolutistischen Monarchien und zum Ausgangspunkt der Verfassungsentwicklung des 19. und 20. Jahrhunderts. Kant zum Beispiel stellte dem »hochmütigen Namen der Toleranz« die Freiheit gegenüber.[1] Und Goethe meinte: »Toleranz sollte eigentlich nur eine vorübergehende Gesinnung sein; sie muß zur Anerkennung führen. Dulden heißt beleidigen.«[2]

Die Bedeutung, die der Unterschied zwischen Menschenrecht und Toleranz für die Aufklärer des 18. Jahrhunderts hatte, wird verständlich vor dem Hintergrund der Gewährung und der Aufhebung der religiösen Toleranz, insbesondere in der französischen Geschichte des 17. Jahrhunderts. Die Toleranz, die das Edikt von Nantes (1598) den französischen Protestanten, den Hugenotten, gewährte, galt zunächst als Bedingung des inneren Friedens, dann als gewährte Gnade aus religiöser Einsicht, aber schon unter Mazarin nur noch als Frage außenpolitischer Klugheit. In dem Maße, in dem die innen- und außenpolitischen Rücksichten an Dringlichkeit verloren, erschien die Gewährung der Toleranz zunehmend als überflüssige Torheit. Schließlich galt sie als Beleidigung Gottes. Das Edikt von Fontainebleau im Jahre 1685 hob das Edikt von Nantes wieder auf, kriminalisierte die evangelische Konfession, verfügte die Zerstörung evangelischer Kirchen, stellte häusliche Gottesdienste unter Strafe und verwies die Geistlichen außer Landes. Emigration stand unter Galeerenstrafe – die Hugenotten, die ins Ausland flüchteten, taten dies in nächtlichen Fluchtmärschen, bedroht von äußerster Gefahr. Auf Fluchthilfe stand Todesstrafe. Die Flucht, die Morde, die Strafen führten dazu, daß ein Viertel Frankreichs entvölkert, seine Wirtschaft ruiniert und unzählige Familien ins Elend gestürzt wurden. Das königliche Edikt trug die Unterschrift: »Car tel est notre plaisir« – »Denn solches ist unser Belieben«.[3]

---

1 Kant, Beantwortung der Frage: Was ist Aufklärung?, XI, S. 60.
2 Goethe, Maximen und Reflexionen, Nr. 875.
3 Näher dazu: Kriele, Die Herausforderung des Verfassungsstaats, a. a. O., S. 35 ff., 50 ff.

Vor dem Hintergrund der Erfahrung, daß der absolute Monarch Toleranzen gewähren und auch wieder zurücknehmen kann, forderten die Aufklärer des 18. Jahrhunderts eine Überwindung des Absolutismus. Der Mensch sollte nicht der Willkür des Herrschers ausgeliefert sein, sondern in Freiheit leben. In Freiheit leben aber hieß zu allererst: im Rechtszustand leben. Dies ist, so lehrte auch Immanuel Kant, das »jedem Menschen kraft seiner Menschheit zustehende Recht«.[1] Kant sprach nicht von Menschenrechten im Plural, sondern von diesem einen Menschenrecht – dem Keim zu dem ganzen weitverzweigten Baum des demokratischen Verfassungsstaates. Nicht von der Gnade, der Moralität, dem Wohlwollen oder der Aufgeklärtheit des Herrschers abhängig zu sein, sondern im Rechtszustand zu leben – darauf kommt es an.

Der neuzeitliche Staat Europas hat sich vor allem auf den rationalen Gedanken gestützt, daß er mit seinem Gewaltmonopol die Menschen zur Gewaltlosigkeit zwang, insbesondere, daß er die konfessionellen Bürgerkriege überwand. Dieses Minimum an innerem Frieden ließ seinen Absolutismus als das »kleinere Übel« erscheinen – ein rationaler Gesichtspunkt, der anfangs genügte, um seine allgemeine Akzeptanz zu gewährleisten.[2]

Indem der absolute Fürst die Feudalmächte mit ihren Eigenrechten zur Ohnmacht verurteilte, die Fehde und den Fanatismus des konfessionell motivierten Blutvergießens beendete, schuf er den Lebensraum, in dem man säen und ernten, produzieren, wirtschaften und im Rahmen der gewährten Toleranzen Wissenschaft treiben und die zugelassene Konfession ausüben konnte. Zugleich ebnete er die feudale Adelspyramide ein: die Gleichheit in der Ohnmacht vor der absolutistischen Staatsgewalt unterstützte das Bewußtsein der Gleichheit des Menschen als Menschen.[3]

Indes konnte der absolutistische Territorialstaat seine auf den Rechtsfrieden gegründete rationale Legitimation nur behaupten,

---

1 Kant, Metaphysik der Sitten: Einteilung der Rechtslehre, Bd. VIII, S. 345.
2 Eingehender hierzu: M. Kriele, Einführung in die Staatslehre, a. a. O., §§ 9 ff.
3 Diesen Gesichtspunkt betonte vor allem Alexis de Tocqueville (1805–1859), Über die Demokratie in Amerika, 1835, 3. Teil, 2. Kap., § 1.

solange er sich nicht selbst zum Instrument einer Bürgerkriegspartei mit Polizeimitteln machte, wie etwa in Frankreich nach 1685, als der konfessionelle Terror gegen die Hugenotten den Absolutismus zum Totalitarismus steigerte, ohne diesen indes zur technischen Perfektion zu bringen.[1] Ein Totalitarismus kann sich nur behaupten, wenn er die Mittel der Propaganda und Gewalt so konsequent und permanent einsetzt, daß jede Aufklärung und Opposition im Keim erstickt wird. Dazu fehlten im 17. und 18. Jahrhundert noch die Erfahrung und die technischen Mittel. Der Absolutismus vertraute auf seine Beständigkeit trotz des gewissen Maßes an geistiger Toleranz, das er gewährte und das die politische Aufklärung in seinem Schoße entstehen und sich ausbreiten ließ. Seine Mittel der Zensur waren, an heutigen Maßstäben gemessen, vergleichsweise milde und hilflos. So konnten sich die Ideale von Freiheit, Gleichheit und Brüderlichkeit dem öffentlichen Bewußtsein einprägen und die Französische Revolution geistig und politisch vorbereiten.

Es ging darum, den Monarchen ans Recht zu binden, damit er auch an Menschenrechte gebunden war. Im gesetzgebenden Organ aber sollte sich der Gemeinwille repräsentieren. So wurden Menschenrechte, Gewaltenteilung und demokratische Repräsentation zu einer institutionellen Einheit, die den Kern des demokratischen Verfassungsstaates ausmacht. Dieser läßt mancherlei Varianten zu: zum Beispiel monarchische, präsidiale oder parlamentarische Regierungsform, föderalistische oder unitarische Gestaltung, entsprechend verschiedene Formen einer zweiten Kammer, stärkere Betonung von repräsentativen oder plebiszitären Elementen und anderes. Allen diesen Gestaltungsformen liegt jedoch die Einheit von Gewaltenteilung, Menschenrechten und Demokratie zugrunde. Dieser demokratische Verfassungsstaat hat sich über Europa, Amerika und einen Teil der übrigen Welt verbreitet.

---

1 Vgl. M. Kriele: Einführung in die Staatslehre, a.a.O., §§ 32 f.

6 Gewaltenteilung – Grundlage des Rechtszustands

Der Rechtszustand setzt Gewaltenteilung voraus. Gewaltenteilung meint im letzten Kern: Bindung der ausführenden Staatsgewalt an Verfassung und Gesetze, über die sie selbst nicht verfügen und die sie nicht durchbrechen kann, die ihr also von einem anderen Organ verbindlich vorgegeben sind. Nur wenn die Staatsgewalt überhaupt ans Recht gebunden ist, kann sie auch an Menschenrechte gebunden sein. Im Sprachgebrauch der Aufklärung heißt ein gewaltenteilender Staat »Republik«. Republik ist also nicht, wie heute üblich, der Gegenbegriff zur Monarchie, sondern zur Gewaltenkonzentration, die die Aufklärer als »Despotie« bezeichneten.[1] Despotie ist also nicht gekennzeichnet durch Grausamkeit, sondern durch Unabhängigkeit des obersten Machthabers von rechtlicher Bindung.

Republik (als Gewaltenteilung) ist nach Kant die erste und unerläßliche Voraussetzung dafür, daß überhaupt ein Rechtszustand entstehen kann und nicht Willkür herrscht.[2] Kants Definition der Freiheit war: »Unabhängigkeit von eines anderen nötigender Willkür«.[3] Freiheit ist also nur vereinbar mit Freiheitsbeschränkungen, die nicht auf Willkür beruhen. Es komme darauf an, daß »die Freiheit mit jedes anderen Freiheit nach allgemeinen Gesetzen zusammen bestehen kann«.[4] Diese Freiheit, sagt Kant, ist das »jedem Menschen kraft seiner Menschheit zustehende Recht«.[5] Deshalb ist Despotie die »Verfassung, die alle Freiheit der Untertanen, die alsdann gar keine Rechte haben, aufhebt«.[6]

---

1 Kant, Über den Gemeinspruch: Vom Verhältnis der Theorie zur Praxis im Staatsrecht, Bd. XI, S. 146. Zu dieser verfassungstheoretischen Grundkonzeption Republikanismus-Despotismus eingehend: Wolfgang Kersting, Wohlgeordnete Freiheit, Berlin 1984, S. 279 ff.; Richard Saage, Eigentum, Staat und Gesellschaft, 1973, S. 118 ff.

2 Vgl. zur Gewaltenteilungskonzeption Kants: Wolfgang Kersting, Die wohlgeordnete Freiheit, 1983, S. 285 ff.; Christian Ritter, Der Rechtsgedanke Kants nach den frühen Quellen, 1971, S. 251 ff., 306 ff.; Peter Burg, Kant und die französische Revolution, 1974, S. 185 ff.

3 Kant, Metaphysik der Sitten: Einteilung der Rechtslehre, VIII, S. 345.

4 Kant; vgl. auch a. a. O., S. 337.

5 Kant, Metaphysik der Sitten, a. a. O., S. 345.

6 Kant, Über den Gemeinspruch, a. a. O., S. 146.

Auch wenn sie milde, tolerant und in Gesetzesform ausgeübt wird, so kann sie doch jederzeit in Grausamkeit und Intoleranz umschlagen. Toleranz ist also nur eine Form der Willkür; sie wird gegeben und genommen. Das Menschenrecht hingegen setzt die Bindung der Staatsgewalt durch Gewaltenteilung voraus.[1]

Man kann sich die aktuelle Bedeutung dieses Satzes an einem Beispiel anschaulich machen. Das politische System Großbritanniens kommt ohne geschriebene Verfassung aus und folglich auch ohne einen Grundrechtskatalog auf Verfassungsebene, der den Gesetzgeber selbst binden könnte. Die verschiedenen »bills of rights« haben lediglich Gesetzesrang und können folglich vom Gesetzgeber aufgehoben oder geändert werden. Dennoch herrscht in Großbritannien ein verhältnismäßig hoher Grad an Freiheit; denn das politische Gesamtsystem beruht auf dem Grundsatz der Gewaltenteilung: der Gesetzesbindung der Exekutive und der Unabhängigkeit der Richter.

Hingegen hat die ehemalige Verfassung der Sowjetunion von 1936 die wichtigsten damals anerkannten Bürgerrechte in einem Grundrechtskatalog positiviert.[2] Bekanntlich bildete das Jahr 1937 den Höhepunkt des stalinistischen Terrors. Damals wurden in zwei Jahren sieben Millionen sowjetische Bürger willkürlich verhaftet – das sind im Durchschnitt täglich 10 000. Ohne Gewaltenteilung bedeuten Grundrechte überhaupt nichts.

Wenn heute die Menschenrechtsverletzungen in den Ost-

---

1 Dieser Gedanke gehört zum Kern der politischen Aufklärung des 18. Jahrhunderts. Vgl. z. B. Montesquieu (1689–1755): »Alles wäre verloren, wenn derselbe Mensch oder dieselbe Körperschaft... diese drei Gewalten ausüben würde: die Gesetze zu geben, die öffentlichen Beschlüsse zu vollstrecken und die Streitsachen zu richten.«
Diderot (1713–1784): »Es gibt kein Gesetz in den Staaten, in denen legislative und exekutive Gewalt in der gleichen Hand liegen; erst recht dort nicht, wo die richterliche Gewalt mit der legislativen und exekutiven verbunden ist.«
Selbst Rousseau (1712–1778), der Theoretiker der unmittelbaren Demokratie, sah ein: Es kann nur schaden, wenn die Gesetzgeber auch regieren wollen: das bedeutet Tyrannis.
2 Kap. X der Verfassung der Union der sozialistischen Sowjetrepubliken vom 5. Dezember 1936, abgedruckt in: Staatsverfassungen, hrsg. von Günter Franz, 3. Aufl., München 1975

blockstaaten nicht mehr dieses extensive Ausmaß haben, so nicht, weil Menschenrechte als Rechte gelten, sondern weil eine etwas moderatere Machtausübung zweckmäßiger erscheint: sie dient sowohl der inneren Stabilität als auch den imperialistischen Expansionschancen nach außen besser. Es handelt sich nicht um Achtung von Menschenrechten, sondern um etwas mehr Gewährung von Toleranzen. Eine Rückkehr zu stalinistischen Verfolgungsmethoden wäre jederzeit ohne weiteres möglich.

Das politische Kampfziel der Aufklärer war die Schaffung von gewaltenteilenden Verfassungen. Die Verfassung von Virginia aus dem Jahre 1776 enthielt nicht nur einen Katalog der damals besonders dringlich geforderten besonderen Menschenrechte, sondern auch ein Menschenrecht auf »Leben unter einer gewaltenteilenden Verfassung« (Art. 5). Demgemäß war sie und waren auch alle weiteren Verfassungen, die unter dem Einfluß der Aufklärung geschaffen wurden, schon in ihrem Aufbau am Modell der organisatorischen Teilung der Gewalten orientiert: die Verfassungen der amerikanischen Einzelstaaten und die Verfassung der USA von 1787. Die Französische Revolution von 1789 begann mit einer Erklärung der Menschen- und Bürgerrechte und mit der Umwandlung der Ständeversammlung in eine verfassungsgebende Nationalversammlung, die die Aufgabe hatte, eine gewaltenteilende Verfassung zu schaffen, die im Jahre 1791 auch in Kraft trat und die erst im August 1792 suspendiert wurde, um einem neuen Absolutismus Raum zu geben, der folgerichtig wieder in den Terror führte.[1]

Die Geschichte des demokratischen Verfassungsstaates ist eine Geschichte der Fortentwicklung dieses Ansatzes. Mit der Teilung der gesetzgebenden und gesetzanwendenden Gewalt allein konnte man sich nicht begnügen: diese war ja ursprünglich sogar mit Sklaverei vereinbar. Es kam weiter darauf an, daß diese Gesetze gerecht sind und jedem gleiches Recht gewähren und daß ihre Einhaltung richterlich kontrolliert werden kann. Die Gewaltenteilung ist also zwar keine hinreichende, aber doch eine notwendige Bedingung des Rechtszustandes, seine erste und unerläßliche Voraussetzung.

---

1 Näher hierzu: Kriele, Einführung in die Staatslehre, 2. Aufl., 1981, §§ 66–72.

Kapitel 2
Menschenrechte und Demokratie

7 Der Rechtszustand als Grundlage der Demokratie

Der aufgeklärte Begriff der Demokratie setzt den Rechtszustand voraus. Demokratie kann es nur in dem Maße geben, in dem die bürgerlichen und politischen Freiheiten des Volkes gewährleistet sind. Denn der Fortschritt in Richtung auf Gerechtigkeit hängt davon ab, daß sich die im Volk gemachten Unrechtserfahrungen frei und öffentlich artikulieren können. Erst dann besteht die Chance, daß sich aus diesen Erfahrungen heraus neue Gesetzesvorschläge bilden, daß sie an den Gesetzgeber herangetragen werden, daß sie politische Unterstützung finden und sich schließlich in Gesetzen niederschlagen, die das Unrecht überwinden und das Recht an die Gerechtigkeit annähern. Im Verständnis der Aufklärung war dies der eigentliche naturrechtliche Hintergrund der Demokratie: die Chance für die Annäherung des Rechts an die Gerechtigkeit zu erhöhen. Diese Chance aber hat die Freiheit zur Voraussetzung, die Freiheit den Rechtszustand und der Rechtszustand die Gewaltenteilung. Menschenrechte, Gewaltenteilung und Demokratie bilden deshalb eine institutionelle Einheit. Wo es keine Gewaltenteilung gibt, ist es sinnlos, von Demokratie zu sprechen. Denn wenn das Volk nicht im Rechtszustand und folglich nicht in Freiheit lebt, kann es seinen Willen nicht politisch zur Geltung bringen, sondern lebt in Unsicherheit und Furcht. Der Machthaber ist nicht vom Volk abhängig, sondern das Volk muß sich der Willkür des Machthabers fügen. Jeder muß jederzeit mit der Möglichkeit willkürlicher Verhaftung, Verschleppung, Ausweisung, Folter oder Ermordung rechnen.

Aber selbst wenn ein großer Teil des Volkes den despotischen

Herrschern zujubelt und ihren Maßnahmen akklamiert, so geschieht das nicht aufgrund von freier Selbstbestimmung, die sich für ein »Ja« oder »Nein« hätte entscheiden können und sich aufgrund eigener Urteilsbildung zum »Ja« entschließt, sondern aufgrund der Akzeptanz der Fremdbestimmung.

Diese Akzeptanz mag der einzelne mit allerlei Gründen erklären – etwa: der Herr kämpfe gegen Feinde, die auch seine Feinde seien, oder: er sei ein genialer Führer, der schon wisse, was er tue, oder: es gehe sozial und wirtschaftlich aufwärts. Was im Verzicht auf demokratische Selbstbestimmung zum Ausdruck kommt, ist trotzdem nicht die dem Menschen eigene Vernunftnatur, sondern der Durchbruch der dem Menschen freilich auch zugehörigen tierischen Natur, also nicht die menschliche Würde des aufrechten Ganges, sondern die hündische Unterwürfigkeit unter den Herrn. Je freudiger die Identifikation mit dem Herrn, desto eindeutiger die Würdelosigkeit des Verzichts auf freie Selbstbestimmung und desto eindeutiger auch die Mißachtung der Würde der anderen, die an dieser Identifikation nicht teilhaben und rechtlos sind.

Moderne Despotien geben sich als »wahre Demokratien« aus: sie betrachten sich als Repräsentanten des Volkes – teils, indem sie den Begriff des Volkes auf den akklamierenden Teil begrenzen, teils, indem sie die wahren Interessen des ganzen Volkes, das dieses infolge falschen Bewußtseins nur nicht erkenne, wahrzunehmen beanspruchen. Auf diese Weise, heißt es, sei an die Stelle der »sogenannten Freiheit« des Bürgers die »Befreiung« des Volkes getreten. Indessen tritt das Volk hier gar nicht in seiner Wirklichkeit in Erscheinung, sondern nur als ideologisch erdachte Einheit. Ein Volk besteht aus Menschen. Zur Menschlichkeit des Menschen gehört, daß er sich zum aufrechten Gang der Freiheit erhebt und als Freier zu Freien in Beziehungen tritt. Sie schlägt sich zuallererst in der Achtung vor der Würde des anderen nieder. Sie kann nur zu universaler Menschlichkeit werden, indem sie über die individuellen Beziehungen von Person zu Person hinaus zu politischem Engagement für das Recht des Menschen als Menschen führt.

Dies setzt die Selbstachtung des Menschen in seiner eigenen Würde voraus; denn erst von hier aus wird er zur Achtung vor der Würde des anderen fähig. Wo jemand nicht den Rechtszustand will, schlummern Vernunft und Moral noch: er nimmt die Wirklichkeit seiner Mitmenschen, die des Rechtszustandes beraubt sind, gar nicht wahr. Er nimmt sie in dem Augenblick wahr, in dem er sich über die Verletzung der Menschenrechte anderer empört, weil er sich mit dem Mitmenschen zu identifizieren vermag. Dann erkennt er die Unvernunft des despotischen Zustands und will die Vernunft des Rechtszustands: er will die Achtung vor den Menschenrechten, und in dem Maße, in dem er die Bedingungen ihrer Verwirklichung realistisch zu erkennen vermag, will er Gewaltenteilung und Demokratie.

Die in der UNO vereinigten Staaten haben sowohl die bürgerlichen und politischen Freiheitsrechte des Menschen als auch das Selbstbestimmungsrecht der Völker im Prinzip anerkannt – sowohl in der Allgemeinen Erklärung der Menschenrechte von 1948 als auch in der Menschenrechtskonvention von 1966 – und dies mit ausdrücklicher Zustimmung der despotischen Staaten. Diese müssen seither alle Kunst der Rabulistik auf den Nachweis verwenden, daß diese Rechte eigentlich gar keine Rechte des Menschen und der Völker seien, daß sie vielmehr im Gegenteil die despotischen Regierungen zu unumschränkter Herrschaftsausübung ermächtigen. Warum aber sehen sie sich dann zu dem Lippendienst an diesen Rechten genötigt? Der Grund dafür ist, daß es keine andere Legitimität mehr gibt als nur noch die auf der Grundlage der Menschenrechte und der Selbstbestimmung.

Vor allem die sozialistische Gegenrevolution schöpft aus keiner eigenen Kraftquelle, die ihr eine originäre Legitimation verschaffen könnte. Ihre Ideen der Befreiung und der sozialen Gerechtigkeit sind die Ideen der *demokratischen* Weltrevolution, die sie sich entleihen muß, indem sie verspricht, sie auch oder besser, schneller, gründlicher zu verwirklichen, während sie sie ins Gegenteil verkehrt. Sie gewinnt ihre Dynamik aus dem Traditionsstrom der demokratischen Weltrevolution, von dem sie einen Teil auf ihre Gewässer umgeleitet hat. Aller Idealismus, der sie antreibt, stammt aus fremden Quellen. All ihre Propaganda ist darauf gerichtet, die heimliche Anerkennung zu verschleiern, die sie dem verhaßten Feinde zollt. All ihre Gewalt ist unerläßlich, weil die von diesem Feinde ausgeliehenen Legitimitätsprinzipien ihre Konsequenz – den demokratischen Verfassungsstaat – fordern und weil diese Konsequenz nur mit eisernen Unterdrückungstechniken niedergehalten werden kann. –

Wir finden also folgenden Stufenbau: Das Gewaltmonopol ist die Grundlage des Territorialstaates. Die Gewaltenteilung ist die Grundlage der Rechtsbindung des Staates. Die Rechtsbindung des Staates ist die Grundlage der juristischen Geltung bürgerlicher und politischer Menschenrechte. Diese Menschenrechte sind die Grundlage der Demokratie.

8 Demokratie als Grundlage der wirtschaftlichen, sozialen und kulturellen Entwicklung

Wie aber steht es mit den wirtschaftlichen, sozialen und kulturellen Menschenrechten? Sind sie nicht die eigentlichen Basisrechte? Müssen nicht erst sie verwirklicht sein, ehe man über Gewaltenteilung, Rechtszustand und Demokratie reden kann? Muß man nicht den ganzen Stufenbau des demokratischen Verfassungsstaates umstoßen oder zumindest für die dritte Welt verwerfen zugunsten eines aufgeklärten Absolutismus in neuer Gestalt, nämlich eines Sozialismus, der erst einmal mittels Willkürherrschaft die wirtschaftlichen, sozialen und kulturellen Grundlagen für die Demokratie erzwingt? Was bedeuten schon Rechtszustand, Unparteilichkeit, bürgerliche und politische Menschenrechte angesichts von Armut, Krankheit und Analphabetismus?

Die Staaten, die die Konvention über die bürgerlichen und politischen Menschenrechte[1] unterzeichnet haben, haben diese ergänzt um die Konvention über die wirtschaftlichen, sozialen und kulturellen Menschenrechte[2], und auch dies gemeinsam mit Ost und West. Diese Konvention *verpflichtet* gemäß Art. 2 I den

---

1 Internationaler Pakt vom 19.12.1966 über bürgerliche und politische Rechte, UN-Doc. 2200/A (XXI), abgedruckt bei M. Kriele, Die Menschenrechte zwischen Ost und West, Köln 1977, S. 96–116.

2 Internationaler Pakt vom 19.12.1966 über wirtschaftliche, soziale und kulturelle Rechte, UN-Doc. 2200/A (XXI), a.a.O., S. 117–128.

Staat, »einzeln und durch internationale Hilfe und Zusammenarbeit, insbesondere wirtschaftlicher und technischer Art, unter Ausschöpfung aller seiner *Möglichkeiten* Maßnahmen zu treffen, um *nach und nach* mit allen *geeigneten Mitteln*, vor allem durch gesetzgeberische Maßnahmen, die volle Verwirklichung der in diesem Pakt anerkannten Rechte zu erreichen«. Dieser Pflicht des Staates steht – anders als bei den bürgerlichen und politischen Freiheitsrechten – naturgemäß kein subjektives Recht des Bürgers gegenüber. Es handelt sich, wie im Absolutismus, um einseitige Staatspflichten. Diese Staatspflichten sind bedingt: der Staat kann immer einwenden, er habe internationale Hilfe nur in beschränktem Umfang erhalten, habe seine Möglichkeiten ausgeschöpft, tue das Nötige »nach und nach«.

Auch solche bedingten Pflichten können Pflichten sein, und so sah es auch Immanuel Kant: »Beides, die Menschenliebe und die Achtung fürs Recht der Menschen, ist Pflicht; jene aber nur bedingte, diese dagegen unbedingte, schlechthin gebietende Pflicht, welche nicht übertreten zu haben derjenige zuerst völlig versichert sein muß, der sich dem süßen Gefühl des Wohltuns überlassen will.«[1]

Die sozialistischen sogenannten »Befreiungsbewegungen« in der dritten Welt kehren dieses Argument um: die soziale Tätigkeit des Staates sei unbedingte Pflicht, die Achtung vor den bürgerlichen und politischen Rechten allenfalls eine bedingte. Diese Bedingtheit läuft praktisch darauf hinaus, daß man diese Rechte auch ganz mißachten könne. In gemäßigter Form lautet das Argument: beide Kategorien von Menschenrechten seien ranggleich und gegeneinander abzuwägen – was im Effekt aber ebenfalls auf Unwirksamkeit der bürgerlichen und politischen Menschenrechte hinausläuft.

Diese Rechte werden uns als ein individualistischer Luxus vorgestellt, der letztlich nur den kapitalistischen Interessen diene. Im Geschichtsbild, das die sozialistische Gegenrevolution von der politischen Aufklärung entworfen hat, dienen die bürgerlichen und politischen Rechte in erster Linie dem Besitzindividualismus

---

1 Kant, Zum ewigen Frieden, Anhang: Von der Einhelligkeit der Politik mit der Moral, Bd. XI, S. 250.

des egoistischen Eigentümers, und die demokratische Revolution erscheint als Überbau über die kapitalistischen Produktionsverhältnisse. Wenn das so wäre, müßte in den frühen Menschenrechtskatalogen die Sicherung von Eigentum und wirtschaftlicher Vertragsfreiheit eine zentrale Stellung einnehmen. In Wirklichkeit ist das nicht der Fall: es ging in erster Linie um das habeas corpus-Prinzip und andere judizielle und prozessuale Grundrechte.[1]

Die UNO-Konvention über bürgerliche und politische Rechte enthält kein Wort über das Eigentum, sondern zählt eine Reihe anderer grundlegender Menschenrechte auf: zum Beispiel über gerichtlichen Rechtsschutz, Gleichberechtigung von Mann und Frau, Recht auf Leben, Verbot der Folter, Verbot des Arbeitszwangs, habeas corpus, Rechte der Gefangenen, Freizügigkeit, Rechte der Ausländer, Rechte der Angeklagten, Schutz der Privatsphäre, Religionsfreiheit, Elternrecht, Meinungsfreiheit, Versammlungs- und Vereinigungsfreiheit, Schutz von Ehe und Familie, staatsbürgerliche Grundrechte, Gleichheit vor dem Gesetz und Minderheitenschutz. Wieso soll die Außerkraftsetzung dieser Rechte erforderlich sein, um Not, Krankheit und Unbildung zu überwinden? Muß man die Menschen entrechten, um ihnen Brot zu geben? So rechtfertigen beispielsweise die Kommandanten Nicaraguas ihren Verrat an den demokratischen Zielen der sandinistischen Revolution mit der Errichtung von Schulen und Krankenhäusern. Dies hat die Bevölkerung bei der Revolution von 1979 in der Tat von ihnen erwartet. Aber um diese zu errichten, bedurfte es keiner Massenumsiedlungen, willkürlicher Verhaftungen, Religionsverfolgungen, Zwangskollektivierungen. Hätten die Kommandanten die bürgerlichen und politischen Menschenrechte respektiert, dann hätten sie das Land nicht aus der Armut ins Elend heruntergewirtschaftet, es nicht in den Bürgerkrieg getrieben, seine Freunde nicht in Feinde verwandelt, und dann könnten sie sich auch zuversichtlich demokratischen Wahlen stellen.

In Wirklichkeit sind die bürgerlichen und politischen Menschenrechte der Verwirklichung der wirtschaftlichen, sozialen

---

1 Dies hat der Verfasser im einzelnen belegt und historisch erklärt in: Einführung in die Staatslehre, §§ 38, 39, vgl. insbesondere S. 159.

und kulturellen Menschenrechte nicht hinderlich, sondern förderlich. Denn die bürgerlichen und politischen Freiheiten sind die Voraussetzung dafür, daß Verletzungen von Menschenrechten aller Art öffentlich zur Sprache kommen, daß sie politische Kritik und Kontrolle auslösen, daß unfähige Regierungen abgewählt werden und daß sich demokratische Initiativen in Regierungsprogrammen und Gesetzen niederschlagen können.[1]

Wo hingegen die Institutionen des demokratischen Verfassungsstaates abgeschafft oder nicht eingeführt sind, gibt es weder öffentliche Kritik am Versagen der Regierung noch deren Abwahl und demokratische Ersetzung. Damit aber entfällt für die Regierung jegliche Effizienzkontrolle. Die absoluten Machthaber der zweiten und dritten Welt legitimieren sich allein aus ihren Absichten, nicht aus ihren Erfolgen. Die Absicht, für die wirtschaftlichen, sozialen und kulturellen Menschenrechte einzutreten, soziale Gerechtigkeit für die Armen zu wollen, dient als Legitimation nicht nur für die Einführung der sozialistischen Zwangswirtschaft, sondern auch für die Mißachtung der bürgerlichen und politischen Menschenrechte und der Demokratie. Die Absicht scheitert erfahrungsgemäß: Das Land wird aus der Armut in größeres Elend, in Repression, in Krieg und Bürgerkrieg geführt – die dafür Verantwortlichen aber brauchen für nichts, was sie anrichten, einzustehen. Erfahrungen werden nicht verarbeitet, der demokratische Lernprozeß ist unterbunden. Zum Ausgleich dafür wird eine riesige Propagandawelle in Gang gesetzt, für die naive westliche Intellektuelle den Resonanzboden bieten. Die einheimische Bevölkerung, die es besser weiß, wird zum Schweigen gebracht, eingeschüchtert, bedroht und, wenn es sein muß, niedergemacht. Das ist allenthalben in der Welt das Ergebnis der Lehre, daß die wirtschaftlichen, sozialen und kulturellen Menschenrechte Vorrang vor den bürgerlichen und politischen hätten. Hingegen finden sich die am weitesten fortgeschrittenen sozialstaatlichen Lebensbedingungen in den demokratischen Verfassungsstaaten.

Die sozialistische Gegenrevolution hat viel tiefere und hinter-

---

1 Vgl. Kriele, Befreiung und politische Aufklärung – Plädoyer für die Würde des Menschen, 2. Aufl., Freiburg 1986, § 12.

gründigere Motive als die, die sie vorgibt. Aber sie kann sie nicht offen verkünden, weil sie mit der Natur des Menschen nicht vereinbar sind und deshalb eine Legitimation nicht begründen können. Sie entnimmt deshalb ihre Legitimationsprinzipien den Ideen der demokratischen Revolution, indem sie diese zugleich ins Gegenteil verkehrt. Indem sie das tut, vermag sie sich aber nicht aus sich selbst heraus zu tragen und kann immer und überall nur mit Propaganda und Gewalt an die Macht gelangen und sich an der Macht halten. Sie kann vor allem keine geistige Freiheit dulden, weil diese die Chance mit sich bringt, daß sich die Wahrheit durchsetzen könnte.

So sah es auch schon Immanuel Kant: »Warum hat es noch nie ein Herrscher gewagt, frei heraus zu sagen, daß er gar kein Recht des Volkes gegen ihn anerkenne; daß dieses seine Glückseligkeit bloß der *Wohltätigkeit* einer Regierung, die diese ihm angedeihen läßt, verdanke…? Die Ursache ist: weil eine solche öffentliche Erklärung alle Untertanen gegen ihn empören würde; ob sie gleich, wie folgsame Schafe, von einem gütigen und verständigen Herrn geleitet, wohlgefüttert und kräftig beschützt, über nichts, was ihrer Wohlfahrt abginge, zu klagen hätten… Das Recht der Menschen, welche gehorchen sollen, muß notwendig vor aller Rücksicht auf Wohlbefinden vorhergehen, und dieses ist ein Heiligtum, das über allen Preis (der Nützlichkeit) erhaben ist, und welches keine Regierung, so wohltätig sie auch immer sein mag, antasten darf.«[1] Dies gälte selbst dann, wenn die sozialistische Diktatur die wirtschaftliche, soziale und kulturelle Wohlfahrt des Volkes fördern würde. Es gilt erst recht, wenn sie sie noch weiter ruiniert.

Wenn wir aus Erfahrungen lernen und die Nebelwolke aus Propaganda durchdringen wollen, dann ergibt sich für den modernen, auf dem Gewaltmonopol beruhenden Staat, wenn dieser nicht absolutistisch, sondern an den Menschenrechten ausgerichtet sein soll, die Notwendigkeit, die Bedingungen für die Achtung der Menschenrechte zu erkennen. Ihr Bedingungsverhältnis liegt in folgendem Stufenbau: Die Gewaltenteilung ist die

---

1 Kant, Der Streit der Fakultäten: Der Streit der Philosophischen Fakultät mit der juristischen, Bd. XI, S. 359 f.

Grundlage des Rechtszustandes, dieser die Grundlage für bürgerliche und politische Rechte, diese sind die Grundlage für die Demokratie, und diese bildet die Grundlage auch für die Verwirklichung wirtschaftlicher, sozialer und kultureller Menschenrechte.

9 Demokratie als Grundlage des Umweltschutzes

Entsprechendes gilt für die sogenannte »dritte Generation« der Menschenrechte: Entwicklung, Frieden und Umweltschutz. Auch hier handelt es sich um Staatspflichten, auf deren Erfüllung die Menschen zwar einen sittlich-moralischen, nicht aber einen juristisch einklagbaren Anspruch erheben können. Ein Rechtsanspruch kann sich in Einzelfällen aus dem Völkerrecht ergeben: er steht dann anderen Staaten oder der Staatengemeinschaft, nicht aber den Bürgern zu. Die Verwendung des Begriffs »Menschenrechte« für reine Staatspflichten dient wiederum nur dem Zweck, ihn für Despotien verfügbar zu machen, die unter Berufung auf die »Menschenrechte der zweiten und dritten Generation« beanspruchen, den Menschen die bürgerlichen und politischen Freiheitsrechte vorenthalten zu dürfen.

Immerhin: Entwicklung, Frieden und Umweltschutz sind ohne Zweifel naturrechtlich begründete Pflichten jedes Staates, des despotischen ebenso wie des demokratischen. Es stellt sich deshalb auch hier die Frage: Ist der despotische Staat besser zur Erfüllung dieser Pflichten geeignet als der demokratische?

Dem sogenannten »Menschenrecht auf Entwicklung« wird Genüge getan durch die Erfüllung der wirtschaftlichen, sozialen und kulturellen Menschenrechte; es ist mit ihnen identisch und geht darin auf; wir haben im vorigen Abschnitt erörtert, warum die Demokratien in der Entwicklung wesentlich erfolgreicher sind als die Despotien. Dem sogennnten »Menschenrecht auf Frieden« wollen wir ein eigenes Kapitel widmen (unten, Kap. 8). Für unseren Zusammenhang bleibt die Frage, wie es mit den ökologischen Problemen steht: Kann die Notwendigkeit des Umweltschutzes den Verzicht auf die bürgerlichen und politischen Menschenrechte rechtfertigen? Das könnte sie selbst dann nicht, wenn der Umweltschutz in der Despotie erfolgversprechender wäre als in den Demokratien, weil der Anspruch des Menschen, im Rechtszustand zu leben, ein absoluter und unbedingter ist. Jedoch wird in Kreisen, die diesen Anspruch des Menschen nicht anerkennen, die Despotie auch mit dem Argument begründet, daß sie die ökologischen Probleme besser in den Griff zu bekommen vermöge als die Demokratien. Zugunsten dieser Annahme werden vor allem zwei Argumente geltend gemacht[1]:

Erstens heißt es, die ökologischen Probleme seien Folge des Kapitalismus. Indem der sozialistische Staat die Wirtschaft in die Hand nehme, sei er zugleich in der Lage, die Schrecken des Kapitalismus einschließlich der ökologischen Probleme zu überwinden.

Gewiß: Wäre der Kapitalismus das Problem, so wäre der Sozialismus die Lösung. Die ökologischen Probleme haben indes ihre Wurzel in der Industrialisierung, die der Sozialismus nicht überwindet, sondern fortsetzt. Die sozialistischen Staaten haben an der Industrialisierung nicht weniger teil als die »kapitalistischen«, ja sie haben sich zum Ziel gesetzt, durch Perfektionierung der Industrialisierung den Überfluß zu schaffen, der den Übergang zur kommunistischen Gesellschaft ermöglichen soll. Zu den Zielen des Sozialismus gehört die Überwindung der Güterknappheit: diese sei Voraussetzung für die kommunistische Verteilungsgerechtigkeit, die »jedem nach seinen Bedürfnissen« zuzuteilen vermöge. Ob dieses Ziel erreichbar ist oder nicht: mit dem Anstreben dieses Ziels durch das Vorantreiben der Industrialisierung steht und fällt die Selbstlegitimierung der sozialistischen Partei und damit des sozialistischen Staates. Die Industrialisierung ging zwar geschichtlich mit dem Kapitalismus Hand in Hand, wird aber durch den Übergang in den Sozialismus nicht überwunden.

---

1 Vgl. für viele: Wolfgang Harich, Kommunismus ohne Wachstum? Babeuf und der »Club of Rome«. Sechs Interviews mit Freimut Duve und Briefe an ihn, Reinbek 1975; kritisch dazu: M. Kriele, Befreiung und politische Aufklärung, S. 180; vgl. auch Hermann Lübbe: Umweltschutz nicht ohne Marktwirtschaft, FAZ v. 31.5.1986, S. 15.

Zwar hat sich der Sozialismus, anders als Marx erwartete, nicht in den am höchsten industrialisierten Ländern durchgesetzt, sondern in Ländern mit zunächst überwiegend agrarischer Struktur und teilweise geringer Bevölkerungsdichte. Man findet in ihnen deshalb noch große, verhältnismäßig unbeschädigte ländliche Gebiete – die dort bei kapitalistischer Wirtschaftsweise allerdings ebenso bestünden. Dadurch entsteht bei manchen Besuchern der optische Schein, als seien die Umweltprobleme im Sozialismus geringer als im Kapitalismus, während es sich in Wirklichkeit um »Rückständigkeit« in der Industrialisierung handelt. Tatsache ist, daß überall, wo die Industrialisierung vorangetrieben wird – und das geschieht im Sozialismus nicht weniger als im »Kapitalismus« –, dieselben ökologischen Probleme entstehen – ganz unabhängig von der Staats- und Wirtschaftsform.

Ein zweites Argument lautet: Die Grundrechte und Freiheiten der Demokratien verschafften den kapitalistischen Industrieunternehmen so viel Spielraum und Einflußmöglichkeiten und beschränkten die Macht des Staates so stark, daß dieser das Allgemeininteresse des Umweltschutzes nicht wirksam durchsetzen könne. Folglich bedürfe es des von diesen Rechtsbindungen befreiten starken Staates.

Die Logik dieses Arguments erscheint auf den ersten Blick so zwingend, daß es bei vielen ökologisch engagierten Bürgern Zweifel an der Demokratie und zunehmende Neigung zur sozialistischen Gegenrevolution ausgelöst hat. Es gewinnt zusätzliche Evidenz aus der Tatsache, daß Umweltschutzgesetzgebung und effizienter Verwaltungsvollzug in den Demokratien trotz intensiverer Bemühungen weit hinter dem Erforderlichen zurückbleiben. So unbestreitbar das ist – die Logik des Arguments setzt voraus, daß der Umweltschutz in den sozialistischen Staaten besser funktionieren könnte als in den Demokratien.

Tatsächlich ist das nicht der Fall. Zwar gibt es auch in den sozialistischen Staaten Bemühungen um Luft- und Wasserreinhaltung, um Sicherheit industrieller Anlagen, um Kontrolle chemischer Gifte und Abgase, um Abfallverarbeitung und einiges mehr. Aber die angewandten Standards bleiben im allgemeinen weit hinter den unsrigen zurück. So mangelhaft der Umweltschutz in den Demokratien noch ist – in den sozialistischen Staaten ist er auf keinem einzigen Gebiet weiter vorangetrieben als hier, ja auf den meisten Gebieten liegt er erheblich unter den hier gültigen Maßstäben.

Gelegentlich hört man deshalb das Zusatzargument: dies erkläre sich nur daraus, daß der Sozialismus unter dem Druck der Rivalität mit dem Westen seine Möglichkeiten zu effizientem Umweltschutz noch nicht ausschöpfen könne; werde er sich einmal weltweit durchgesetzt haben und von diesem Druck befreit sein, so könne er die ökologischen Probleme in den Griff bekommen. Indes ist die Unfähigkeit des Sozialismus zu wirksamem Umweltschutz nicht nur situationsbedingt, sondern strukturbedingt und deshalb unaufhebbar.

Diese Unfähigkeit beruht auf der Identität von Staat und Wirtschaft. Wirksamer Umweltschutz setzt eine Funktionsteilung zwischen Staat und Wirtschaft voraus. Er funktioniert in dem Maße, in dem der Staat das Allgemeininteresse gegenüber wirtschaftlichen Sonderinteressen zur Geltung bringen kann. Diese Möglichkeit verliert er, wo die Wirtschaft selbst zum Inhalt staatlicher Planung wird. Das gilt um so mehr, wenn der Staat die Produktionssteigerung und damit die zunehmende Industrialisierung zum vorrangigen Ziel erklärt. Diese Vorrangigkeit ist für den Sozialismus aus seinen ideologischen Voraussetzungen heraus unaufgebbar. Infolge dieser Vorrangentscheidung können Gesichtspunkte des Umweltschutzes stets nur so weit zur Geltung kommen, als sie sich nicht hemmend und hindernd auf die Industrialisierung auswirken; sie müssen also im Konfliktfall stets zurücktreten.

Zwar haben sich auch die Demokratien in der Regel das Ziel eines »stetigen und angemessenen Wirtschaftswachstums« gesetzt, so etwa die Bundesrepublik in § 1 des Stabilitätsgesetzes[1], wenn auch dieses Ziel nicht unbedingten Vorrang genießt, sondern als gleichrangig mit den Zielen eines stabilen Preisniveaus, eines hohen Beschäftigungsstands und des außenwirtschaftlichen Gleichgewichts ausbalanciert werden soll. Daß der Umwelt-

---

1 Vom 8. Juni 1967 (BGBl. I., S. 582) i. d. F. vom 18. März 1975 (BGBl. I, S. 705).

schutz in den Demokratien dennoch erheblich größere Fortschritte macht als in den sozialistischen Staaten, liegt nicht nur an dem höheren Stand der Industrialisierung, bei dem man sich Beschränkungen eher leisten kann. Es liegt vor allem daran, daß das Allgemeininteresse des Umweltschutzes machtvolle Fürsprecher hat, die frei agieren und ihm Nachdruck verleihen können: in den Parteien, in Funk, Fernsehen und Presse, in Kirchen, Gewerkschaften, zahlreichen Vereinigungen und Bürgerinitiativen, auf öffentlichen Versammlungen und Demonstrationen, in den gesetzlich vorgesehenen Mitsprachemöglichkeiten bei kommunalen und staatlichen Planungsvorhaben und, soweit individuelle Rechte berührt sind, im gerichtlichen Rechtsschutz. All dies konnte zwar noch nicht dazu führen, daß wir die übermächtigen ökologischen Probleme wirksam in den Griff bekommen hätten, wohl aber zu einem öffentlichen Problembewußtsein, dem Gesetzgeber und Verwaltung in zunehmendem Maße Rechnung tragen und das auch die Industrie selbst zur Entwicklung neuer ökologischer Techniken veranlaßt hat.

Die bürgerlichen und politischen Freiheitsrechte ermöglichen die Ausbreitung dieser ökologischen Bewußtseinsbildung und zwingen Gesetzgeber und Regierung, die von demokratischen Wahlen abhängen, hieraus Schritt für Schritt die erforderlichen Konsequenzen zu ziehen. Die sozialistische Gegenrevolution, die dem Interesse an der Industrialisierung unbedingten Vorrang verleiht, zerstört zugleich die Möglichkeiten, dieser im Einzelfall entgegenzuwirken oder sie gegen das Allgemeininteresse des Umweltschutzes auszubalancieren. Wie das Beispiel des Umweltschutzes zeigt, haben auch die sogenannten »Menschenrechte der dritten Generation« die Demokratie zur Grundlage.

Es war ein langer Weg bis zur Entwicklung der verschiedenen bürgerlichen und politischen Rechte und ihrer Ausdehnung auf alle Bürger und ihrer Ergänzung durch die wirtschaftlichen, sozialen und kulturellen Menschenrechte, die den Staat verpflichten, nach seinen Möglichkeiten auch Not, Elend und Unwissenheit zu überwinden, und die Menschenrechte der »dritten Generation«. Der Prozeß der Entwicklung der Menschenrechte ist nicht abgeschlossen. Wir stehen mitten darin. Aber alle Rechte und Pflichten sind Äste eines Baumes, der aus einer Eichel hervorgewachsen ist: der Überwindung des Absolutismus durch Gewaltenteilung zwischen Exekutive, einer auf demokratischer Repräsentation beruhenden Legislative und einer unabhängigen Rechtsprechung.

10 »Freiheit, Gleichheit, Brüderlichkeit«

Die drei Ideale der Französischen Revolution »Freiheit, Gleichheit, Brüderlichkeit« treten mit jeder jungen Generation neu in die Welt und prägen sich immer klarer aus: Freiheit des Geistes, Gleichheit im Recht, Brüderlichkeit im Wirtschaftsleben. Sie haben sich in der Demokratie in unterschiedlichem Grade und nirgends vollkommen entwickelt: der Geist wird mittels Medien, staatlicher Erziehung und Bildungspolitik gelenkt und bevormundet. Die Wirtschaft pendelt zwischen den Polen ungezügelter Freiheit und staatlicher Knebelung, obschon die Pendelschläge kleiner werden und sich auf eine mittlere Position zubewegen: auf einen sozial orientierten Ordnungsrahmen bei Erhaltung der Marktwirtschaft, um so dem Anspruch auf Befriedigung der Grundbedürfnisse aller am besten zu genügen und dem Ideal der Brüderlichkeit näherzukommen. Am weitesten ist die Rechtsgleichheit fortgeschritten, doch kommt sie nur in dem Maße zur vollen Wirksamkeit, in dem sich auch die beiden anderen Ideale der Verwirklichung annähern.

Die drei Ideale sind leuchtende Fernziele, die die Orientierung bestimmen. Sie sind miteinander verbunden und lassen sich nur gemeinsam der Verwirklichung näherführen. Die Komplikationen und Rückschläge in der Geschichte der Demokratie entstehen entweder aus der Verwirrung der Ideale, etwa aus der Übertragung des Freiheitsideals ins Wirtschaftsleben, des Gleichheitsideals ins Geistesleben, des Brüderlichkeitsideals ins Rechtsleben.

Oder sie entstehen aus der Akzentuierung des einen Ideals auf Kosten der anderen mit der Folge, daß es sich aus dem Zusammenhang mit den anderen löst und daß folglich jedes von ihnen degeneriert. Viele Idealisten, die diese Ideale aufrichtig vertreten, dennoch aber ihre institutionellen Voraussetzungen bekämpfen und die sozialistische Gegenrevolution unterstützen, glauben, daß die demokratische Revolution die Freiheit akzentuiere, die Gleichheit nur halb verstehe – als »formale Rechtsgleichheit« – und die Brüderlichkeit vergesse. Sie wollen die Waage ausgleichen, indem sie ihr Gewicht auf die Seite der »Brüderlichkeit« werfen und damit zugleich die formale Rechtsgleichheit um die soziale Gleichheit ergänzen. Sie hoffen, so entstehe ein Zusammenklang der Ideale, durch den auch die Rechtsgleichheit ihren Sinn erfülle und die Freiheit vom Konkurrenzkampf der Egoisten zur Freiheit von Brüdern werde. Daher die Leuchtkraft des Wortes »sozial«, das für »brüderlich« steht und das als Wortkern auch im Wort »sozialistisch« steckt.

Brüderlichkeit als Ideal (nicht in seiner Perversion wie bei Kain und Abel) bedeutet aber das Verhältnis von Freien und Gleichen, die friedlich und freundlich zusammenwirken und sich dadurch gegenseitig helfen und stützen. Es gibt keine Brüderlichkeit ohne Freiheit und Gleichheit. Man kann zwar auch in der sozialistischen Despotie die wirtschaftlichen Grundbedürfnisse befriedigen, Gesundheitsfürsorge treiben und Schulen errichten, zwar nicht so erfolgreich wie in der Demokratie, aber immerhin läßt sich diese Seite des »sozialen« Lebens von Freiheit und Gleichheit ablösen. Aber damit erfüllt man dann nicht das Ideal der Brüderlichkeit, sondern des Paternalismus. Die Sozialstaatlichkeit gewinnt ihren Charakter der Brüderlichkeit erst unter den Voraussetzungen von Freiheit und Gleichheit. Denn um im Mitmenschen den Bruder zu sehen, muß man ihn zunächst in seiner Menschenwürde achten. Das Ideal der Brüderlichkeit degeneriert, wenn man es aus dem Zusammenhang mit den beiden anderen Idealen herauslöst. Und alle drei haben für ihre Verwirklichung die institutionelle Einheit von Menschenrechten, Gewaltenteilung und Demokratie zur Voraussetzung.[1]

---

1 Dies ist ein Umstand, der gelegentlich in Kreisen der von Rudolf Steiner geprägten Anthroposophen übersehen wird. Steiner lehrte, daß sich der Staat überhaupt auf das Rechtsleben begrenzen solle. Daneben solle es freie Selbstverwaltungsorganisationen geben, in denen die Institutionen des Geisteslebens (einschließlich der Bildung und Erziehung) und des Wirtschaftslebens (einschließlich der Gewerkschaften) ihre jeweiligen Angelegenheiten regeln – freilich im Rahmen der Gesetze, die aber nur die Gleichberechtigung

Die sozialistische Gegenrevolution macht sich die Ideale von Freiheit, Gleichheit und Brüderlichkeit zu eigen, nicht aber ihre institutionellen Voraussetzungen von Menschenrechten, Gewaltenteilung und Demokratie, die ihre »Basis« bilden. Sie lenkt den Strom der aus ihnen fließenden Energie um in einen Kampf um die »Produktionsverhältnisse«, die nunmehr als die reale Basis gelten. So führt sie die Menschen in die Sackgasse eines irreversiblen Despotismus, in dem es weder Freiheit noch Gleichheit noch Brüderlichkeit geben kann. Sie ist die List der Unvernunft. Alle Anstrengungen ihrer Propaganda sind darauf gerichtet, diesen Sachverhalt in einem komplizierten Geflecht von theoretischem Durcheinander unerkennbar zu machen, das Denken in Auseinandersetzungen um ihre Theorien zu verstricken, Klarheit zu vernebeln, die Geister zu verwirren. Wo ihr das gelingt, vermag sie den Idealismus der demokratischen Weltrevolution in die Bahnen der Gegenrevolution zu lenken, die die Verwirklichung ihrer Ideale unmöglich machen.

Die Ideale »Freiheit, Gleichheit, Brüderlichkeit«, die sich in der politischen Aufklärung aussprachen und die zur Parole der Französischen Revolution wurden, lassen sich nur in der institutionellen Einheit von Menschenrechten, Gewaltenteilung und Demokratie verwirklichen. Lösen sie sich von dieser Grundlage ab, so wird ihre Realisierung unmöglich, ja die Ideale verkehren sich in ihr Gegenteil: an die Stelle der Freiheit tritt die Willkürherrschaft, an die Stelle der Gleichheit das Verhältnis von unumschränkten Machthabern und Machtunterworfenen, von Erziehern und Unmündigen, von »Befreiern« und »zu Befreienden«, an die Stelle der Brüderlichkeit der Terror. Diese Konsequenz trat schon in der zweiten Phase der Französischen Revolution von August 1792 an hervor, die die gewaltenteilende demokrati-

---

sichern, nicht darüber hinaus in ihre Freiheit eingreifen sollen: die sogenannte »Dreigliederung des sozialen Organismus«. Da der demokratische Verfassungsstaat diese Konzeption nicht aus sich heraus verwirklicht hat, treten ihm manche Anthroposophen mit Distanz und Indifferenz gegenüber, nicht bedenkend, daß seine Alternative die Despotie ist, die alle Freiheit und Rechtsgleichheit aufhebt, und daß eine Annäherung an die Dreigliederung nur durch demokratische Gesetzgebung und durch verstehende Auslegung der Grundrechte und des Sozialstaatsprinzips erreichbar ist.

sche Verfassung von 1791 außer Kraft setzte, und bestätigte sich seither immer von neuem.[1]

Von diesem Zeitpunkt an steht die demokratische Revolution in einem ständigen Zwei-Fronten-Kampf: einerseits gegen »rechts« – also zunächst gegen die Verteidiger des Absolutismus, später gegen andere Formen der Reaktion, wie Militärdiktatur und Faschismus; andererseits gegen »links« – also gegen die Versuche, die Ideale von Freiheit, Gleichheit und Brüderlichkeit ohne ihre institutionellen Voraussetzungen unmittelbar zu verwirklichen und damit ins Gegenteil zu pervertieren. Für den »Rechten« gilt der Demokrat als »links«, für den »Linken« als »rechts«: diese Attribute sagen also nichts aus über den Demokraten; sie enthüllen vielmehr nur den Standort dessen, der sie auf den Demokraten anwendet.

---

1 Eine Darstellung der beiden Revolutionen in ihrer Gegensätzlichkeit in: Martin Kriele, Einführung in die Staatslehre, Reinbek 1975, §§ 66 ff.

Kapitel 3
Die sozialistische Gegenrevolution

11 Der neue Despotismus

Das absolutistische Modell bildet in einer neuen Variante wiederum das Grundprinzip des östlichen Staatsaufbaus. Alle staatliche und gesellschaftliche Tätigkeit steht unter der Führung und Leitung der kommunistischen Partei, und das heißt: unter Führung und Leitung der obersten Gremien dieser Partei. Diese entscheiden über Recht und Unrecht nach ihrem Dafürhalten und ihrer, wie sie es verstehen, wissenschaftlichen Meinung. Sie sind die Quelle allen Rechts, und sie gestalten es so, daß der Führungsanspruch stabilisiert bleibt.

Zwar unterscheiden auch die östlichen Verfassungen gesetzgebende, vollziehende und richterliche Gewalt, aber es handelt sich nicht um Gewaltenteilung, sondern um organisatorische Untergliederung eines der zentralen Führung unterworfenen Staatsapparates, wie es sie selbstverständlich auch in den absolutistischen Fürstentümern gab. Das heißt, alle Gewalten stehen wiederum unter einer übergeordneten Gewalt, die kein sie selbst bindendes Recht anerkennt. Die Herrschaft ist »legibus absolutus« – vom Recht unabhängig.

Gewiß gibt es wesentliche Unterschiede zur absolutistischen Monarchie: Die Herrschaft gründete sich damals auf dynastische Legitimität oder auf Gottesgnadentum, heute auf den Theoriefanatismus der Partei. Die Macht lag damals beim Fürsten, heute bei einem Führungsgremium, in dem Abberufung und Ersetzung des Vorsitzenden möglich ist. Sie kannte damals die Gewissensbindung an eine religiös geprägte Sittlichkeit, heute ist sie an funktionalen Zwecken orientiert. Zu den Stützen der Macht gehörten damals Landbesitz und die Treuebindung von Beamten und Heer, heute sind es Parteiapparat und Geheimpolizei. Der Staatsapparat respektierte damals meistens die Eigenständigkeit traditionaler Institutionen und begnügte sich mit der Aufrechterhaltung von Ruhe und Ordnung, heute nimmt er das gesamte geistige, wirtschaftliche und gesellschaftliche Leben in den Griff. Damals kannte er noch die gewisse Toleranz, mit der die absolutistischen Monarchien die politische Aufklärung und den internationalen Verkehr zwar behindert, aber nicht konsequent unterdrückt haben. Heute besitzt er die modernen Techniken der totalen Beherrschung alles Denkens, Glaubens, Redens, Schreibens und Reisens und macht davon rigorosen Gebrauch. Aber alle diese Unterschiede, so gewichtig sie sind, verblassen unter dem Gesichtspunkt der Menschenrechte doch vor der einen entscheidenden Gemeinsamkeit: Der Machthaber ist nicht in eine ihm vorgegebene Ordnung von Kompetenzen, Verfahren und unverfügbaren Rechten eingebunden; er steht nicht im Recht, sondern über dem Recht. Ist er aber an Recht nicht gebunden, so kann er auch an Menschenrechte nicht gebunden sein.

Mit anderen Worten: Es kann in den Staaten des Ostblocks überhaupt keine Menschenrechte geben, sondern nur Toleranzen, nur mehr oder weniger brutale oder milde despotische Herrschaftsausübung. Wenn wir von den Ostblockstaaten menschliche Erleichterungen fordern, so verlangen wir nicht Menschenrechte, sondern Toleranzen, also das Gebrauchmachen von der an sich unumschränkten Souveränität im Sinne von Milde und Duldung. Wir begründen das folglich nicht mit Rechtsprinzipien, sondern mit dem Machtinteresse, das die Regime an ihrem Kredit und ihren politischen Einflußmöglichkeiten in der Welt haben – ein Argument, das freilich nur schlüssig ist, wenn wir ihren Kredit und ihre Einflußmöglichkeiten auch wirklich von ihrer Milde und Duldung abhängig machen. Wir handeln nicht anders als seinerzeit der Kurfürst von Brandenburg, der nach der Aufhebung des Edikts von Nantes in einem Schreiben den französischen König bat, die protestantische Konfession zu tolerieren. Der französische König konnte dies ebenso gut beachten wie zurückweisen; dies richtete sich nach seinen eigenen Vorstellungen und seinen politischen Interessen:

Da dem Kurfürsten von Brandenburg keine wirksamen Sanktionsmöglichkeiten zur Verfügung standen, scherte er sich um dessen Bitte nicht.

Wenn heute die Menschenrechtsverletzungen in den Ostblockstaaten nicht mehr das extensive Ausmaß haben wie unter Lenin und Stalin, so nicht, weil Menschenrechte als Rechte gälten, sondern weil eine etwas moderatere Machtausübung zweckmäßiger erscheint: Sie dient sowohl der inneren Stabilität als auch den imperialistischen Expansionschancen nach außen besser. Eine Rückkehr zu stalinistischen Verfolgungsmethoden wäre ohne weiteres möglich, ohne daß dadurch die UN-Pakte als verletzt gelten dürften. Die Ostblock-Juristen würden uns erklären: Das willkürliche Verhaften, Verbannen, Mißhandeln, Verschwindenlassen, Psychiatrisieren und Quälen von Menschen möge vielleicht die sozialistische Gesetzlichkeit verletzen, nicht jedoch die Menschenrechtskonventionen; denn diese stünden unter dem Vorbehalt des politischen Systems und damit der Allmacht der Parteiführung. Diese allein besitze das Monopol, alles Recht, auch internationale Pakte, in ihrem Herrschaftsgebiet souverän auszulegen und die Erfordernisse der nationalen Sicherheit und Ordnung zu bestimmen, die den Menschenrechten nach diesen Pakten Grenzen zögen. Das westliche Eintreten für Menschenrechte beruhe auf einer »Parteinahme für das Monopolkapital und seine Rüstungsinteressen«.

Diese beschränkte Sichtweise ist freilich folgerichtig, wo die Frage nach Wahrheit und Unwahrheit, Recht und Unrecht durch die Frage nach Beschlüssen des Parteitags und des Politbüros ersetzt wird.[1] Wir sollten mit den östlichen Intellektuellen, die das System absoluter Parteiherrschaft zu Lakaien deformiert hat, Mitleid haben, uns aber vor dem Relativismus hüten, der meint, solche Argumentationsweisen hätten Anspruch auf Anerkennung als eine gleichberechtigte »andere« Sicht der Dinge.

---

1 So ist z. B. für Rainer Arlt »Ausgangspunkt jeder rechtswissenschaftlichen Forschungsarbeit das allseitige Studium der Beschlüsse der Partei der Arbeiterklasse«: Zu einigen Grundfragen der marxistisch-leninistischen Rechtstheorie in der DDR, in: Staat und Recht 18, Potsdam-Babelsberg 1969, S. 1429.

Es wäre an sich konsequent, wenn Vertreter des östlichen Systems die Idee der Menschenrechte prinzipiell zurückwiesen: als eine westliche, bürgerliche, idealistische, illusionäre Idee. So haben sie bis um die Mitte der sechziger Jahre auch argumentiert: Sie sprachen nur von Bürgerrechten, die dank der sozialistischen Gesetzlichkeit gewährt würden. Seither ziehen sie es vor, von einer eigenen »Menschenrechtskonzeption« zu reden. Die Sache hat sich damit nicht geändert, sondern nur der Sprachgebrauch. Dieser soll offenkundig dem weltweiten Anspruch der Menschenrechtsidee propagandistisch Rechnung tragen, diese aber zugleich unterlaufen, indem er sie ins Gegenteil verkehrt.

Wie das geschieht, möge ein Beispiel anschaulich machen: Der Ostberliner Verteter beim Menschenrechtskomitee der Vereinten Nationen, der Völkerrechtler Bernhard Graefrath, verweist auf den »universellen Charakter« der Menschenrechtskonventionen und meint: »Vereinbart sind Bestimmungen, von denen die UN-Vollversammlung und die einzelnen Staaten annehmen, daß sie innerhalb des jeweiligen Verfassungssystems realisierbar sind.«[1] Indessen haben die Vertreter der demokratischen Verfassungsstaaten keineswegs angenommen, daß Menschenrechte systemunabhängig realisierbar seien. Sie hatten vielmehr die Vorstellung, der Abschluß der Menschenrechtskonventionen solle in den Diktaturen einen geistigen und politischen Prozeß auslösen oder begünstigen, der auf eine allmähliche Umwandlung in einen menschenrechtsachtenden Rechtsstaat hintendiert.

Diese westliche Hoffnung konterkariert die Ostblocktheorie von den angeblichen »zwei Menschenrechtskonzeptionen«. Noch einmal Graefrath: »Als die Staaten diesen Verträgen zustimmten, taten sie es in voller Kenntnis der verschiedenen Konzeptionen über den Inhalt und die Funktionen der Menschenrechte innerhalb ihres Systems«, und er fügt drohend hinzu: »Jeglicher Versuch, eine dieser verschiedenen Menschenrechts-

---

1 Bernhard Graefrath, Über die Verwirklichung internationaler Menschenrechtsbestimmungen, in: Schriften und Informationen des DDR-Komitees für Menschenrechte, Ost-Berlin 1983, Heft 3, 1983, S. 6.

konzeptionen als die einzig mögliche Interpretation der vereinbarten Verträge einzuführen, würde das Ende der Zusammenarbeit bedeuten.«[1]

Der Systemvorbehalt der östlichen sogenannten »Menschenrechtskonzeption« bedeutet, daß die Menschenrechte der absoluten Herrschaftsmacht der Parteiführung weder Schranken setzen noch Verpflichtungen auferlegen. Wo aber die Herrschaftsmacht nicht an Pflichten gebunden ist, kann der Mensch ihr gegenüber keine Rechte haben. Die östliche sogenannte »Menschenrechtskonzeption« läuft also auf die Nichtanerkennung von Menschenrechten hinaus und nicht etwa auf eine andere, »auch mögliche Konzeption« von Menschenrechten.

Die Ostblock-Juristen, die auch ihr Denken und Wollen dieser absoluten Herrschaftsmacht unterworfen haben und sich zu Apologeten dieser »Menschenrechtskonzeption« hergeben – und andere werden nicht gedruckt –, gehen aber noch einen Schritt weiter: Die Menschenrechte begrenzen nicht nur nicht die Staatsgewalt, sie dienen auch noch dazu, die unumschränkte Herrschaft der Parteiführung zu legitimieren. Zur Begründung verwenden sie verschiedene Formeln:

Zum Beispiel lesen wir, Menschenrechte seien Klassenrechte, und zwar werde die Klasse der Arbeiter und Bauern repräsentiert durch die kommunistische Partei und diese durch ihre Führung. Auf die wirklichen Meinungen und den wirklichen Willen der Arbeiter und Bauern komme es nicht an, auch nicht, wenn diese sich, wie in Polen, in Gewerkschaften organisieren. Sie sollen weder das Recht haben, eine Gewerkschaft noch eine politische Partei zu bilden, sondern der Parteiführung unterworfen bleiben, die über das Monopol verfügt, die Menschenrechtspakte zu interpretieren und zu konkretisieren. So verwandeln sich die Menschenrechte in ein Legitimationsinstrument absoluter Herrschaft.

Eine andere Formel lautet: Der Westen verstehe Menschenrechte als Individualrechte, der Osten als Kollektivrechte. Das erscheint auf den ersten Blick kaum verständlich, denn auch hier gibt es Menschenrechte als Kollektivrechte; so kann sich auf die

---

1 Graefrath, a. a. O., S. 7.

Religionsfreiheit nicht nur das Individuum, sondern auch die Kirche berufen, auf die Vereinigungsfreiheit auch der Verein, auf die Tarifautonomie auch die Gewerkschaft. Soll mit dem Begriff »Kollektivrecht« aber gesagt sein, er beziehe sich nicht nur auf Kollektive innerhalb einer pluralistischen Gesellschaft, sondern auf das Volk als Ganzes, so läuft diese Aussage auf das Selbstbestimmungsrecht der Völker hinaus. Solches ist vom Westen nicht nur ausdrücklich als Menschenrecht anerkannt, sondern es ist dies auch in einem Sinne, der ihm Leben verleiht: nämlich innerstaatlich als Recht auf demokratische Verfassungs- und Gesetzgebung, völkerrechtlich als Prinzip der Nichteinmischung in die inneren Angelegenheiten anderer Völker. Wie diese beiden Prinzipien in der östlichen Interpretation umgedeutet werden, erkennt man am deutlichsten dort, wo die kommunistische Partei an der Macht ist: von einem demokratischen Recht der Völker, die kommunistische Herrschaft abzuwählen, kann keine Rede sein; und wie das Prinzip der Nichteinmischung in die inneren Angelegenheiten anderer Völker verstanden wird, ist uns durch viele Beispiele eindringlich vor Augen geführt worden, etwa 1968 in der Tschechoslowakei, 1979 in Afghanistan, 1980 durch militärischen Aufmarsch an den Grenzen Polens und durch Konferenzen der Führungsgremien des Warschauer Paktes zum Thema der inneren Entwicklung in Polen. Menschenrechte seien Kollektivrechte heißt wiederum nur, daß die Führung der kommunistischen Partei das Kollektiv des gesellschaftlichen Ganzen repräsentiere und deshalb zu unumschränkter Macht legitimiert sei.

Dieselbe Funktion haben auch andere Definitionen der »östlichen Menschenrechtskonzeption«, wenn sie etwa die Menschenrechte als Sozialrechte oder gesellschaftliche Rechte definieren, wenn sie auf Gleichheit im Gegensatz zur Freiheit abstellen oder wenn sie zwar auf Freiheit abstellen, diese aber »gesellschaftlich« definieren, oder wenn sie unter Freiheit einen ständigen revolutionären Prozeß der »Befreiung« verstehen. Bei all diesen Definitionen fragt sich: Wer bestimmt den Inhalt der Begriffe des Sozialen, des Gesellschaftlichen, der Gleichheit, der Freiheit oder der »Befreiung«? Immer ist es die Parteiführung. Immer handelt es sich um Variationen desselben Themas: Es läuft auf unumschränkte Macht der Parteiführung hinaus.

Die klassische marxistisch-leninistische Theorie war da redlicher. Sie legitimierte die Diktatur des Proletariats aus einer prognostischen Zielvorstellung: Der globale Sieg dieses Absolutismus vermöge den Kapitalismus auszurotten und damit die Voraussetzung für das Absterben des Staates zu schaffen. Dann erst würden Freiheit und Gleichheit wirklich. In diesem Kontext wird zunächst auf tatsächlich bestehendes, zum Teil himmelschreiendes Unrecht in der Geschichte der westlichen Verfassungsstaaten bis zur Gegenwart hingewiesen, gleichzeitig aber zweierlei verschwiegen: Einmal der seit dem 18. Jahrhundert schon erreichte Fortschritt, zum anderen die Bedingungen dieses und jeden weiteren Fortschritts, nämlich die institutionelle Einheit von Menschenrechten, Gewaltenteilung und Demokratie.

Karl Marx hat über die Menschenrechte der Französischen Revolution gespottet:

»Der Mensch wurde daher nicht von der Religion befreit, er erhielt die Religionsfreiheit. Er wurde nicht vom Eigentum befreit. Er erhielt die Freiheit des Eigentums. Er wurde nicht vom Egoismus des Gewerbes befreit. Er erhielt die Gewerbefreiheit.«[1]

Mag Karl Marx auch noch gemeint haben, mit der »Befreiung« von Eigentum und Gewerbe werde der Mensch automatisch von der Religion befreit, so haben 70 Jahre Erfahrung gelehrt, daß diese »Befreiung« die dauernde und alles durchdringende Totalherrschaft über den menschlichen Geist voraussetzt.[2] Auch das Festhalten an diesem Befreiungskonzept kann also zu nichts anderem dienen als zur Legitimierung der Erlangung, Stabilisierung und Erweiterung unumschränkter Herrschaft.

Es gibt noch eine dritte Linie der Argumentation, die darauf hinweist, daß die östlichen Staaten manche sozialen Programme verwirklichen: Sie halten mit ihren schwerfälligen Methoden immerhin die wirtschaftliche Produktion in Gang, schaffen Ar-

---

1 Zur Judenfrage, 1843, in: Marx/Engels, Werke Bd. 1, S. 369, Ost-Berlin 1978. Vgl. hierzu: M. Kriele, Befreiung und politische Aufklärung. Plädoyer für die Würde des Menschen, 2. Aufl. 1986, S. 19, 24 ff.
2 Vgl. näher Kriele: Befreiung und politische Aufklärung, S. 29 ff.

beitsplätze, Bildungssysteme, Gesundheitsfürsorgesysteme. Damit realisierten sie die Menschenrechte, wie sie etwa in dem internationalen Pakt über wirtschaftliche, soziale und kulturelle Menschenrechte festgelegt sind. Dies ist in gewissem Umfang richtig, nur muß man dabei im Auge behalten, daß die hier in Frage kommenden Menschenrechte des Sozialrechtspakts als Pflichten der Staaten definiert sind, denen keine rechtlichen Ansprüche des Menschen gegenüberstehen. Wenn die Erfüllung dieser staatlichen Pflichten den Menschen zugute kommt, so haben wir es im Sprachgebrauch unseres Staatsrechts mit einem Reflex des öffentlichen Rechts, nicht mit subjektiv-öffentlichen Rechten der Menschen zu tun.

Diese Verpflichtung sind nicht nur die östlichen, sondern auch die westlichen Staaten eingegangen. Doch sind Menschenrechte mehr als Staatspflichten. Sie erschöpfen sich nicht in Staatszielen und Programmen, sondern enthalten erstens konkretisierbare und unbedingte Verbindlichkeiten, denen zweitens Rechte einzelner entsprechen. Die Vorliebe östlicher Menschenrechtsapologeten für die wirtschaftlichen, sozialen und kulturellen Menschenrechte im Unterschied zu den bürgerlichen und politischen beruht eben darauf, daß diese Rechte überwiegend keine Rechte, sondern nur Staatspflichten sind, und zwar solche, die sich in juristisch nicht konkretisierbaren Programmsätzen erschöpfen (vgl. oben S. 40).

Die internationale Konvention über soziale, wirtschaftliche und kulturelle Menschenrechte enthält allerdings auch eine Reihe von wirklichen Menschenrechten, so das Recht auf die Gründung freier Gewerkschaften (Art. 8), das Recht auf nichtstaatliche Schulen und nichtstaatliche Bildungseinrichtungen und das Elternrecht (Art. 12), das Recht auf die »zu wissenschaftlicher Forschung und schöpferischer Tätigkeit unerläßliche Freiheit« (Art. 15). Diese werden in den Ostblockstaaten einfach nicht beachtet, ebensowenig wie die Rechte des Paktes über bürgerliche und politische Rechte.

Ihre Nichtbeachtung der einklagbaren Menschenrechte haben die Ostblockstaaten auf einfache Weise abgesichert: nämlich durch Verweigerung des gerichtlichen Rechtsschutzes. Der gerichtliche Rechtsschutz ist zwar eine Verpflichtung, die auch die

Ostblockstaaten in Art. 2 III und 14 I des Paktes über bürgerliche und politische Rechte eingegangen sind. Aber da sie behaupten, die in diesen Pakten völkerrechtlich eingegangenen Verpflichtungen stünden unter dem Vorbehalt ihres Systems, fühlen sie sich auch völkerrechtlich nicht gebunden, diese Pflicht zu erfüllen. Die für gewaltenteilende Rechtssysteme typische Institution von persönlich und sachlich unabhängigen Richtern gibt es nicht, und schon gar nicht eine ausgebaute Verwaltungsgerichtsbarkeit, die in der DDR schon 1952 abgeschafft wurde.

Der Bericht der DDR an das Menschenrechtskomitee der Vereinten Nationen vom Oktober 1983 geht die einzelnen Artikel der Konvention über bürgerliche und politische Rechte durch, überspringt aber Art. 2 im ganzen und aus Art. 14 den Anspruch auf ein unabhängiges und unparteiisches Gericht. Zu diesen Verpflichtungen äußert sich aber Bernhard Graefrath in dem zitierten Aufsatz, und zwar so: Art. 2 Abs. III der Konvention »enthält zwar eine allgemeine Empfehlung, die Möglichkeit gerichtlichen Rechtsschutzes zu entwickeln; dieser wird aber mit allen anderen Durchsetzungsmöglichkeiten gleichgestellt«. Indessen heißt es im Text der Konvention:

»Jeder Vertragsstaat *verpflichtet* sich,

a) dafür Sorge zu tragen, daß *jeder,* der in *seinen* in diesem Pakt anerkannten Rechten und Freiheiten verletzt worden ist, das *Recht* hat, eine *wirksame Beschwerde* einzulegen...

b) dafür Sorge zu tragen, daß jeder, der eine solche Beschwerde erhebt, sein Recht durch das zuständige Gerichts-, Verwaltungs- oder Gesetzgebungsorgan oder durch eine andere, nach den Rechtsvorschriften des Staates zuständige Stelle feststellen lassen kann, *und den gerichtlichen Rechtsschutz auszubauen...«*

Es handelt sich also erstens nicht um eine Empfehlung, sondern um eine Verpflichtung, und zwar, zweitens, dahingehend, daß das Individuum sich selbst über Verletzungen der Menschenrechte wirksam beschweren kann; drittens soll der Ausbau des gerichtlichen Rechtsschutzes zu anderen Formen der Beschwerde selbständig hinzutreten und keineswegs durch sie ersetzbar sein. Bei seiner Zitierung dieser Konventionsbestimmung läßt Graefrath die Verpflichtung zum Ausbau des gerichtlichen Rechtsschutzes einfach weg, ohne daß diese Auslassung für den Leser erkennbar wird.[1]

Auch dieses falsche und selektive Zitieren erklärt sich zwanglos durch den Systemvorbehalt, der also nicht nur die verfälschende Auslegung der Konvention und die eigenwillige Schwerpunktsetzung rechtfertigen soll, sondern sogar die Umdeutung von Verpflichtungen in Empfehlungen und die Teilung der Konvention in gültige und nicht gültige Partien. Dazu noch einmal Bernhard Graefrath:

»Die verbreitete Vorstellung, nur die vor Gericht durchsetzbaren Rechte wären wirkliche Grundrechte, ist offenbar ein bürgerliches Vorurteil.«[2] Und er erläutert: »In den sozialistischen Ländern obliegt der Staatsanwaltschaft die allgemeine Aufsicht über die Gesetzlichkeit. Sie hat das Recht einzugreifen, wenn Organe oder Einrichtungen nicht oder nicht in Übereinstimmung mit den Gesetzen handeln. Daneben bestehen Kontrollkommissionen, eine Arbeiter- und Bauern-Inspektion, Beschwerdeausschüsse beim Parlament, und auch die zuständigen Kommissionen bei den örtlichen Volksvertretungen können Kontrollfunktionen ausüben.«[3] Mit anderen Worten: Der Machthaber kontrolliert sich selbst, und der in seinen Rechten und Freiheiten verletzte Bürger hat nicht das Recht, eine wirksame Beschwerde einzulegen und schon gar nicht, den Richter anzurufen.

Soweit sich der einzelne wenigstens in zivil- oder strafgerichtlichen Zusammenhängen auf die innerstaatlich gewährten Grundrechte berufen kann, stehen diese unter dem »Vorbehalt der Grundsätze und Ziele der Verfassung«. Deren oberstes Grundprinzip aber ist die unumschränkte Herrschaft der Parteiführung, so daß es schon deshalb einen Grundrechtsschutz gegen die Führung nicht geben kann. Darüber hinaus sind die Richter weder persönlich noch sachlich unabhängig. Schließlich

---

1 Graefrath, a. a. O., S. 17.
2 Graefrath, a. a. O., S. 17.
3 Graefrath, a. a. O., S. 33 f.

stehen die Grundrechte zwar wie überall unter einem Gesetzesvorbehalt, der jedoch, den Grundsätzen und Zielen der Verfassung gemäß, die Regel-Ausnahme-Vermutung umkehrt: Nicht die Einschränkung des Grundrechts ist begründungsbedürftig, sondern seine Realisierung, nicht etwa das Verbot der Ausreise, sondern ganz im Gegenteil die Erlaubnis der Ausreise. Es gilt nicht der Grundsatz der Erlaubnis mit Verbotsvorbehalt, sondern des Verbots mit Erlaubnisvorbehalt. Das aber ist gerade das Gegenteil dessen, was die Menschenrechtskonventionen fordern.

Ihrer Berichtspflicht vor der UN-Menschenrechtskommission genügen die Ostblockstaaten zwar, wenn auch nur selektiv, aber sie behelfen sich damit, daß sie die Kommission in großem Stile einfach belügen. Wenn es zum Beispiel in Art. 12 Ziffer 2 der Konvention heißt: »Jedermann steht es frei, jedes Land einschließlich seines eigenen zu verlassen«, so berichtet die DDR wie folgt:

»In Übereinstimmung mit Art. 12 der Konvention gewährleistet die Deutsche Demokratische Republik den Ausreiseverkehr aus beruflichen und persönlichen Gründen sowie die Ausreise aus Gründen der Familienzusammenführung und Eheschließung. Hierfür stehen eindeutige Zahlen. Jährlich reisen ca. 12 Mio. Bürger ins Ausland.«[1]

Solche Lügen sind heute noch möglich, weil die große Mehrzahl der UN-Mitglieder die Menschenrechte ebenfalls nicht ernst nimmt und ihre Vertreter deshalb die Augen zudrücken und sich lieber über Mängel in den demokratischen Verfassungsstaaten verbreiten.

Kurz: Die Eingehung der internationalen Verpflichtungen erfolgte nur zum Schein, offenkundig aus Motiven der Agitation und Propaganda in weltpolitischen Zusammenhängen. Es ist

---

1 Da die Bevölkerungszahl der DDR etwa 17 Millionen beträgt, müßten demnach mehr als zwei Drittel der Bevölkerung Auslandsreisen unternehmen. Zu diesen Zahlen kommt der Bericht, indem er die jährlich rund 300 Grenzübertritte pro Person zwischen Wohnsitz und Arbeitsplatz im sogenannten »kleinen Grenzverkehr« – vor allem in den von den Grenzen zu Polen und der CSSR geteilten Städten – sowie die Freikäufe von Menschen durch die Bundesregierung als »Auslandsreisen« qualifiziert.

also schlechterdings unrichtig, überhaupt von einer östlichen Menschenrechtskonzeption zu sprechen und zu behaupten, diese pflege einen »anderen Menschenrechtsbegriff«.

13 Anarchismus auf einem Umweg

Die maßgebliche Theorie der sozialistischen Gegenrevolution, der Marxismus-Leninismus, versteht sich selbst als »Zweite Aufklärung«, die die Aufklärung des 18. Jahrhunderts zugleich fortsetze und überbiete, und die sozialistische Revolution als eine weitere, und zwar die letzte und entscheidende Stufe des geschichtlichen Fortschritts nach Urgesellschaft, Feudalismus und Kapitalismus. Freiheit, Gleichheit und Brüderlichkeit könnten erst wirklich werden, wenn auch die bürgerliche Demokratie überwunden sei. Denn diese bringe nicht nur die Klassengesellschaft hervor, sondern halte zum Schutz der Ausbeuter noch immer am Staat fest.

Der Marxismus-Leninismus versteht sich selbst als Anarchismus auf einem Umweg: als Befreiung von Recht und Staat auf dem Umweg über die Diktatur des Proletariats. Er gibt zu, daß die bloße Abschaffung des Staates nicht schon von sich aus Freiheit und Gleichheit herstellen würde. Dazu müsse erst der Egoismus überwunden sein. Dieser liege nicht in der unaufhebbaren Natur des Menschen, sondern sei gesellschaftlich bedingt und werde erst durch die Aufhebung des Kapitalismus überwunden. Der Kapitalismus stelle zwar im Verhältnis zum Feudalismus eine Zwischenstufe des geschichtlichen Fortschritts dar, habe aber bloß die Revolution des bürgerlichen Rechtsstaats hervorgebracht.

Der Sozialismus beansprucht die geschichtliche Aufgabe, den Menschen »von Religion, Eigentum und dem Egoismus des Gewerbes zu befreien« (vgl. oben S. 59), indem er den Klassenunterschied aufhebe und einen »neuen Menschen« schaffe, der den Menschen, »wie er geht und steht« (Marx), ablöse. Diese gewaltige Aufgabe setze voraus, daß das Proletariat, repräsentiert durch die Arbeiterpartei, diese repräsentiert durch ihre Führung, welche die Gesetze der Geschichte wissenschaftlich durchschaue und beherrsche, auf unbestimmte Zeit eine Diktatur ausübt. Ist die Aufgabe gelöst, so könne alsdann der Staat absterben: »An die Stelle der Regierung von Menschen über Menschen tritt die Verwaltung von Sachen und die Leitung des Produktionsprozesses. Der Staat wird nicht ›abgeschafft‹, er stirbt ab.«[1]

Erst dann würden Freiheit und Gleichheit vollendet, die kommunistische Gesellschaft werde eine »Assoziation, worin die freie Entwicklung eines jeden Bedingung für die freie Entwicklung aller ist«.[2]

So leiht sich der Marxismus-Leninismus zwar seinen Legitimitätsanspruch von der politischen Aufklärung, verspricht aber etwas Besseres als die bürgerliche Rechtsverfassung mit Menschenrechten, Gewaltenteilung und Demokratie, die den Staat bestehen läßt und bloß rechtlich einbindet.

Mit dem Kommunismus werde der Staat entbehrlich. »In ihm werden« – nach Lenin – »die elementaren, von alters her bekannten und seit Jahrtausenden in allen Vorschriften gepredigten Regeln des Zusammenlebens« von allein befolgt werden, da sich die »befreiten Menschen nach und nach gewöhnen werden…, sie ohne Gewalt, ohne Zwang, ohne Unterwerfung, ohne den besonderen Zwangsapparat, der sich Staat nennt, einzuhalten«.[3] Um dieses Zieles willen gelten die »elementaren Regeln des Zusammenlebens« einstweilen als suspendiert: »Wir sagen, daß unsere Sittlichkeit völlig den Interessen des proletarischen Klassenkampfes untergeordnet ist… Wir sagen: Sittlich ist, was… die neue kommunistische Gesellschaft errichtet.«[4] Der Zweck rechtfertigt jedes Mittel.

So schritt Lenin zur Revolution gegen die russische parlamentarische Demokratie, indem er, nach der Niederlage der Bolschewisten bei den Wahlen zur konstituierenden Nationalversammlung vom 8. Dezember 1917 mit 23,5 Prozent, diese bei

1 Friedrich Engels (1820–1895), Zur Entwicklung des Sozialismus von der Utopie zur Wissenschaft, in: Marx / Engels, a. a. O., Bd. 19, S. 224.
2 Kommunistisches Manifest, in: Marx / Engels, a. a. O., Bd. 4, S. 482.
3 Lenin (1870–1924), Staat und Revolution (1917), in: Lenins ausgewählte Werke, Bd. 2, Stuttgart 1952, S. 226.
4 Lenin, a. a. O., S. 788–790.

ihrem ersten Zusammentritt am 18. Januar 1918 mit Waffengewalt auseinandertreiben ließ. (Daß er den Zaren gestürzt hätte, ist eine Geschichtslegende, die auch westdeutschen Schulkindern vermittelt wird. Der Zar war am 15. März 1917 zurückgetreten, Lenin am 16. April in Rußland eingetroffen.) Er errichtete unmittelbar nach der Oktoberrevolution ein Terrorsystem, das er im Januar 1918 mit den Worten rechtfertigte, es gehe um »Wege zur Ausrottung und Unschädlichmachung der Parasiten (der Reichen und Gauner, der Tagediebe und Hysteriker unter der Intelligenz und so weiter und so fort)«.[1] Am 5. September 1918 führte das Dekret über den Roten Terror formell das System der Konzentrationslager ein[2] (das wird unseren Schulkindern meist verschwiegen). Er führte Rußland in ein von der Geheimpolizei kontrolliertes System, in dem die wirtschaftliche und soziale Entwicklung (die das Land in der Demokratie hätte nehmen können) stagnierte und in dem es mehr Hungertote gegeben hat als jemals zuvor in der Geschichte (das erfahren unsere Schulkinder so gut wie nie[3]).

Der Stalinismus war nicht ein Abweichen von Lenins System (wie man unseren Schulkindern oft beibringt), sondern seine konsequente Fortentwicklung. Der Nationalsozialismus hat das politische System in seinen Grundzügen kopiert (auch diese Tatsache wird unseren Schulkindern meist vorenthalten). Er hat die Möglichkeiten, die die totalitäre Staatsstruktur bietet, im tech-

---

1 In: Wie soll man den Wettbewerb organisieren?; hierzu: Andrzej J. Kamiński: Konzentrationslager 1896 bis heute – eine Analyse, Verlag Kohlhammer 1982, S. 74.

2 Es gebot – neben Massenerschießungen – »die Sowjetische Republik gegen Klassenfeinde mittels der Isolierung in Konzentrationslagern abzusichern«. Am 17. 2. 1919 verfügte ein weiteres Gesetz, daß »fremde Klassenelemente in Konzentrationslagern«, am 15. 4. 1919 ein Gesetz, daß »feindliche Klassenelemente in Zwangsarbeitslagern« zu inhaftieren seien.

3 Der Verfasser spricht aus Erfahrung: Er hält von Zeit zu Zeit Vorlesungen über Verfassungsgeschichte für Anfangssemester und vermag dabei ein Bild über den historischen Bildungsstand unserer Schulabgänger zu gewinnen. Diese haben von Geschichte und Legitimitätsgrundlagen der Demokratie nicht etwa nur unzureichende Vorstellungen, sondern scheinen nicht selten mit marxistischer Propaganda indoktriniert zu sein; die Irreführung über die Leninsche Revolution dient offenkundig der Abstützung dieser Indoktrination.

nisch perfektionierten Ethnozid bis zum äußersten ausgeschöpft. Während Konzentrationslager sonst den beiden Zwecken: Terror und Sklavenarbeit dienen, hat er sie durch den Typus der Vernichtungslager ergänzt und überboten.[1] Die Ungeheuerlichkeit dieses Menschheitsverbrechens ist etwas historisch Einmaliges. Den Unterschied zwischen Konzentrationslagern und Vernichtungslagern einebnen zu wollen ist ein untauglicher Versuch, die Einzigartigkeit dieses deutschen Verbrechens herunterzuspielen – ein Versuch, der uns nicht zur Versöhnung mit unserer Geschichte führt, sondern zu ihrer Verdrängung – mit all den verhängnisvollen Folgen, die sich daraus ergeben müssen. Dieser Versuch bedeutet aber zugleich eine Verharmlosung der totalitären Staatsstruktur, so als ob die »bloßen« Konzentrationslager an sich, also ohne Gaskammern, nichts besonders Schlimmes wären, sondern etwas, was schließlich als ein Unfall der Geschichte gelten mag, mit dem man sich innerlich versöhnen könnte.

Dieselbe Verharmlosung ist freilich auch eine Gefahr derer, die den Begriff des Totalitarismus in Frage stellen und aus diesem Motiv heraus die Einmaligkeit der nationalsozialistischen Vernichtungslager akzentuieren: wiederum so, als ob die »bloßen« Konzentrationslager an sich nichts besonders Schlimmes wären. Die einen verharmlosen das System Hitlers, die anderen das System Lenins. Es ist aber die Staatsstruktur, die das System der Konzentrationslager und der Vernichtungslager ermöglicht. Das Konzentrationslager ist das Symbol für Allmacht des Staates und die Rechtlosigkeit des Menschen, die durch die despotische Staatsform ohne Gewaltenteilung und Rechtsbindung des Staates bedingt ist. Die Staatsstruktur des sozialistischen und des nationalsozialistischen Systems ist in ihren wesentlichen Grundzügen die gleiche. Ihre Unterschiede betreffen Einzelheiten, die sich auf die entscheidende Frage – Rechtszustand oder Despotie? – nicht auswirken. Der wesentliche Unterschied beider Systeme liegt lediglich im ideologischen Überbau. Die Machtansprüche des arischen Herrenmenschen sprachen einen anderen, anspruchslose-

---

1 Hierzu Andrzej J. Kamiński, Konzentrationslager 1896 bis heute – eine Analyse, Stuttgart 1982.

ren Menschentypus an, der sich freute, durch kollektives Mitläufertum am »Recht des Stärkeren« teilhaben zu dürfen. Lenins System hingegen legitimiert sich aus den Zielvorstellungen der politischen Aufklärung selbst, die es zwar suspendiert und ins Gegenteil pervertiert, aber realistisch herbeizuführen verspricht. Es fand und findet deshalb auch »idealistische« Fürsprecher und Bundesgenossen vor allem unter den Intellektuellen in Ost und West.

14 Warum der Staat nicht absterben kann

Die sozialistische Gegenrevolution legitimiert sich also nicht aus einem »anderen Wertsystem«, sondern aus dem Ideal der demokratischen Revolution selbst. Die Außerkraftsetzung von Menschenrechten, Gewaltenteilung und Demokratie soll dem Ziel dienen, das Absterben des Staates vorzubereiten und den Idealen von Freiheit, Gleichheit und Brüderlichkeit endgültig zum Durchbruch zu verhelfen. Diese Legitimierung ist an die Bedingung gebunden, daß der Staat nach der Überwindung von Kapitalismus und Imperialismus tatsächlich absterben kann. Stellt man die Frage, ob das überhaupt möglich ist, so bedeutet das nicht, dem sozialistischen Wertsystem ein demokratisches Wertsystem entgegenzuhalten. Es geht nicht um die Pluralität von zwei einander ausschließenden Wertsystemen. (Ein solcher »Pluralismus« wird oft behauptet, um einen Relativismus der Wertsysteme zu begründen, der angeblich Grundlage der Entspannung und des Friedens sein soll.)[1] Es geht vielmehr um eine immanente Auseinandersetzung auf der Grundlage der gemeinsamen aufklärerischen Tradition von »Freiheit, Gleichheit, Brüderlichkeit«. Es geht nicht um Werte, sondern um die Einschätzung tatsächlicher Gegebenheiten und Möglichkeiten.

Die Gründe, aus denen der Staat unmöglich absterben kann, liegen auf der Hand.

---

1 So etwa Altbundespräsident Walter Scheel in seiner Rede zum 17. Juni 1986 vor dem Deutschen Bundestag, abgedruckt in: Bulletin der Bundesregierung 1986, S. 613 ff., 614.

1. Der Mensch ist zwischen zwei Pole gespannt – zwischen Freundlichkeit und Selbstbezogenheit, Brüderlichkeit und Egoismus. Diese Spannung hat ihre Wurzeln nicht in den Produktionsverhältnissen, sondern in der menschlichen Natur. Der Sozialismus trägt zur Überwindung des Egoismus nichts bei, im Gegenteil, er schneidet den Menschen von den Quellen ab, die den Strom der Sittlichkeit in jeder Generation neu erfrischen können: Achtung vor den moralischen Traditionen, den Eltern, der Religion, der klassischen Literatur und Philosophie, kurz, vor der Bildung des Geistes und des Herzens. Zur Bedingung der Karriere wird Anpassung, Fügsamkeit, Teilhabe an Propaganda, Bespitzelung und Denunziation. Was als die Brüderlichkeit des »neuen Menschen« ausgegeben wird, ist Mitläufertum aus Opportunismus oder Verblendung.

2. Aber selbst einmal angenommen, alle Menschen würden guten Willens und jederzeit bereit sein, das Recht jedes anderen zu achten. Dann bedarf es dennoch gesetzgeberischer und gerichtlicher Entscheidungsinstanzen. Denn auch wenn man im großen und ganzen weiß, was Recht und Unrecht ist, so weiß man es doch nicht im konkreten Detail (wie jedes juristische Problem zeigt), und überdies haben die Menschen verschiedene Versionen desselben Sachverhalts. Diese Streitfragen sind auch bei eingehender Diskussion und Beweisaufnahme meist unüberwindlich, und deshalb müssen das Gesetzgebungsverfahren und das Gerichtsverfahren mit Entscheidungen abgeschlossen werden, die Verbindlichkeit unabhängig von Konsens und Gewißheit herstellen.[1]

3. Es bedarf des staatlichen Zwangsapparates zur Durchsetzung getroffener Entscheidungen selbst bei allseits gutem Willen. Dieser muß für alle Fälle bereitstehen, selbst wenn er nicht eingesetzt zu werden braucht. Indem er jedermann garantiert, daß er sich auf die Achtung seiner Rechte verlassen kann, schafft er die Grundlage für Vertrauen, Rechtsfrieden und Legitimität.

4. Die marxistisch-leninistische Theorie nimmt an, daß rechtlich unschlichtbare, »antagonistische« Konflikte nur aus dem Klassenkampf um das Privateigentum an Produktionsmitteln

---

1 Eingehender: Kriele, Recht und praktische Vernunft, S. 110 ff.

entstünden und mit dessen Aufhebung überwunden sein würden. Aber selbst einmal angenommen, solche Konflikte entstünden nur um materielle Güter, so bedürfte es zu ihrem Ausschluß mehr als nur der »gesellschaftlichen Produktion«, nämlich des Überflusses. Die marxistisch-leninistische Theorie mußte deshalb ein Hilfsargument hinzufügen: das Versprechen, Überfluß herzustellen, um daraus jedem nach seinen Bedürfnissen Güter zuteilen zu können. Dieses Versprechen hat sich längst als illusorisch erwiesen. Materielle Güter bleiben, selbst wenn man allen Reichtum gleichmäßig verteilt, angesichts des Verhältnisses von Bevölkerungszahl und Güterproduktion knapp. Sie bleiben es erst recht bei einer nicht-marktwirtschaftlichen Produktionsweise: die Schlangen vor den Läden, die Wartezeiten bei Anträgen auf Wohnung, auf Installationsarbeiten und andere handwerkliche Dienstleistungen in den sozialistischen Ländern machen es anschaulich.

5. Ferner gibt es stets Konflikte um Güter, die nicht Gattungsware sind (»ein Auto«), sondern deren Wert von ihrer individuellen Lage oder Beschaffenheit abhängt. Es ist nicht gleichgültig, wo eine Wohnung liegt, welcher Art ein Arbeitsplatz ist oder ähnliches. Gibt es aber weiterhin Rechtskonflikte um materielle Güter, so bedarf es der Konfliktregelung durch Gesetze, Behörden, Gerichte und ihres Zwangsapparates.

6. Überdies entstehen Rechtskonflikte keineswegs nur um materielle Güter, sondern auch aus zahlreichen anderen Motiven: aus Eifersucht, Ehrgeiz, Zorn, Haß, Mißverständnissen, Rivalität und Machtstreben, darüber hinaus aus gruppenpsychologischen Motiven, aus verschiedenen Moralvorstellungen, politischen und sozialen Ideen, Religionen und Konfessionen. Auch diesem Umstand hat die marxistisch-leninistische Theorie durch ein Zusatzargument Rechnung tragen müssen: es bedürfe der Herstellung eines neuen Menschen, in welchem der Antagonismus zwischen homme naturel und bourgeois (im Rousseauschen Sinn) aufgehoben und alle Entfremdung überwunden sein werde. Zu diesem Zweck bedarf es der totalen Kontrolle aller geistigen und psychischen Regungen, der unumschränkten Verfügung über Erziehung, Bildung, Medien, Kultur – so lange, bis alle Wurzeln, aus denen solche Konflikte entstehen können, radikal

ausgerottet sind. Gelänge das, hätte man es nicht mehr mit Menschen, sondern mit Menschenstummeln zu tun; die Vielfalt der geistigen, seelischen, religiösen und moralischen Anlagen wäre eingeebnet, die freie Entfaltung der Persönlichkeit ausgeschlossen, der bunt blühende Garten der Menschheit gliche einem geschnittenen Rasen. Doch es kann nicht gelingen, weil es mit der menschlichen Natur, die sich mit jeder Generation regeneriert, unvereinbar ist. Andressierte Eigenschaften sind nicht vererblich: die marxistisch-leninistische Theorie ist auch in diesem Punkte widerlegt. Wenn man Kaninchen, deren Vorfahren seit unzähligen Generationen in Käfigen gehalten werden, in die Freiheit entläßt, so verhalten sie sich gemäß ihrer ursprünglichen Natur: sie graben unterirdische Bauten, springen herum usw. Beim Menschen gilt nichts anderes: zu seiner Natur gehört die Vielgestaltigkeit der persönlichen Veranlagungen, die auf freie Entfaltung drängt, damit aber auch seine Differenzierung und Gegensätzlichkeit, die Rechtskonflikte unvermeidlich machen. Will man sie dennoch vermeiden, so muß man die Käfighaltung des Menschen in der Diktatur des Proletariats perpetuieren, und der Staat kann nicht absterben.

7. Die »Verwaltung von Sachen und die Leitung der Produktionsprozesse« vermag die »Herrschaft von Menschen über Menschen« keineswegs abzulösen, sondern ist selbst eine gesteigerte Form solcher Herrschaft. Was im Sozialismus verwaltet und geleitet wird, sind vor allem die ökonomischen Großorganisationen der Güterproduktion und -verteilung. Sie können nur funktionieren, wenn die Menschen funktionieren, d. h., wenn sie sich als funktionale Bestandteile in die Großorganisation reibungslos einfügen. Sie können weder kündigen und die Stelle wechseln noch sich selbständig machen, noch gar emigrieren. Sie werden mit den Sachen mit verwaltet und bleiben Objekte des planenden und verwaltenden Staates, von dessen Absterben keine Rede sein kann. An die Stelle des Endes der Herrschaft tritt die »Einsicht in die Notwendigkeit« der total gewordenen Herrschaft, die den Menschen bei Strafe erheblicher Diskriminierung abverlangt wird.

8. Selbst einmal hypothetisch angenommen, ein Absterben des Staates wäre möglich, so würde dies voraussetzen, daß die

Herrschenden bereit wären, daran mitzuwirken und die Macht aus den Händen gleiten zu lassen. Dazu müßten sie den erstrebten Typus des »neuen Menschen« der Brüderlichkeit und Selbstlosigkeit in sich selbst verwirklicht haben. Indes: Wer innerhalb eines totalitären Systems in führende Machtpositionen gelangt ist, muß notwendigerweise von anderen Eigenschaften geprägt sein: von Schläue, Anpassungsbereitschaft und Skrupellosigkeit – wie hätte er sonst seine Karriere machen können? Machtmenschen aber lieben vor allem sich und ihre Macht. Sie sind keine »neuen Menschen«, sondern haben noch nicht einmal die zivilisatorische Stufe der demokratischen Aufklärung erreicht. – Wiederum wartet die marxistisch-leninistische Theorie mit einem Hilfsargument auf (sie bedarf ständig der Hilfsargumente, die die Absurditäten ihrer Theorie abmildern sollen, diese aber meist nur noch offenkundiger machen): Die intellektuelle Einsicht in die wissenschaftlichen Zusammenhänge des Fortschritts erlaube die »Antizipation« des neuen Menschen. So werde erklärbar, daß sich die Idee der sozialistischen Revolution inmitten der alten Produktionsverhältnisse ausbreiten könne, obschon diese an sich ein »falsches Bewußtsein«, die »bürgerliche Ideologie« erzeugten. Indes bleibt die »Antizipation« auf die Sphäre der intellektuellen Vorstellung begrenzt: der Sozialist kann sie noch nicht auf sein ethisches und politisches Sein und Handeln erstrecken, sonst könnte er weder den revolutionären Kampf bestehen noch, nach dessen Erfolg, die Diktatur des Proletariats ausüben. Denn beides setzt – von der marxistisch-leninistischen Theorie ausdrücklich zugegeben – die Disposition zum rücksichtslosen Durchgreifen voraus. So disponierte Menschen haben aber nicht gleichzeitg die Disposition zum freiwilligen Machtverzicht.

15 Der »Affe Gottes«

So bleibt es also bei der sogenannten Diktatur des Proletariats, das heißt der Parteiführung. Diese bildet kein Übergangsstadium in die befreite Gesellschaft, sondern etabliert sich notwendigerweise auf Dauer. Sie unterscheidet sich von den absolutistischen Monarchien vor allem in einem Punkt: auch diese waren zwar despotisch, aber doch im ganzen so tolerant und milde, daß die politische Aufklärung in ihrem Schoß entstehen und sich ausbreiten konnte. Die neuen Despoten hingegen kennen ihre eigene Illegitimität; sie wissen, wie demokratische Revolutionen sich vorbereiten, und sie beherrschen die Machttechniken, um sie im Keim zu ersticken. Sie verstehen es, sich irreversibel zu machen.

So treibt die sozialistische Gegenrevolution die Menschheit zurück in den Despotismus, aus dem sie sich durch die demokratische Revolution endgültig zu befreien glaubte. Die sogenannte »zweite Aufklärung« ist die Gegenaufklärung schlechthin. Sie führt nicht auf eine neue Stufe des Fortschritts, sondern hinter den schon erreichten Fortschritt zurück. Sie ist keine vorantreibende Revolution, sondern die reaktionäre Gegenrevolution, die Menschenrechte, Gewaltenteilung und Demokratie wieder beseitigt. Sie schafft nicht die realen Grundlagen für Freiheit, Gleichheit und Brüderlichkeit, sondern schafft sie ab. Denn diese Grundlagen bestehen in den demokratischen Verfassungsinstitutionen, die erst die Annäherung an diese Ideale möglich gemacht haben. Die Bedingungen, unter denen die Menschen friedlich und freundlich zusammenwirken können, werden erneut ersetzt durch das Verhältnis von Herr und Knecht, durch das »Recht des Stärkeren«. Wenn man die wahre Natur des Menschen, seine geistige und moralische Natur, in dieser Weise vergewaltigt, so wird die Welt nicht menschlicher, sondern unmenschlich.

Aber die sozialistische Gegenrevolution tritt nicht unmittelbar als das auf, was sie ist – wie es Faschismus und Nationalsozialismus taten –, sondern leitet ihre Legitimität aus den Idealen der Aufklärung selbst her. Sie setzt Punkt für Punkt den Schein, das Gegenteil ihrer selbst zu sein. Sie schuf ein faszinierendes Gedankengebäude, das für die Menschen, die hineingelockt und darin gefangen sind, stärker ist als jede Vernunft. Selbst heute, nach 70 Jahren realer Erfahrung, die es in jeder Einzelheit widerlegt hat, bezaubert es die Phantasie, verwirrt die Intelligenz, lenkt das Prinzip Hoffnung in seine Bahnen, bezwingt selbst die Vernunftnatur des Menschen, die Fähigkeit zum Denken. Man beruft sich statt auf Sachargumente auf Autoritäten, so wie die Gegner Galileis, die es ablehnten, sich mit einem Blick durchs Fernrohr von der Existenz der Jupitermonde zu überzeugen. Als Autorität aber gilt nur, wer »dazugehört«, wer links, progressiv, sozialistisch orientiert ist: das Kollektiv von »Meinungen« trägt sich selbst und schirmt gegen den Sachbezug des Denkens ab. Die sozialistische Gegenrevolution erzeugt den Glauben, im Einklang mit der Geschichte zu handeln und deshalb in einem höheren Sinne immer im Recht zu sein.

Sie hat heute dazu geführt, daß bereits ein Drittel der Menschheit durch die sozialistische Despotie unterjocht wird, und hat in der übrigen Welt große Sektoren des intellektuellen Lebens, der Medien, der Literatur, der Bildung, der Erziehung, ja selbst der Theologie und der Kirchen dazu verführt, sich der »reaktionären, zum Untergang verurteilten« demokratischen Weltrevolution entgegenzustellen und der sozialistischen Gegenrevolution, wenn auch widerwillig, moralische Unterstützung zu gewähren.

Man pflegt von alters her zu sagen, der Teufel sei der »Affe Gottes«: er äfft ihn nach, er imitiert ihn. Jeder tiefen Weisheit fügt er ein groteskes Zerrbild hinzu, damit man dieses für jene halten solle. So wie im alten Theater nach dem Helden der Clown auftrat, der ihn auf die lächerlichste Weise nachäffte, so äfft die sozialistische Gegenrevolution die demokratische Weltrevolution nach, alles dabei ins Groteske verzerrend. So folgt der Fortschrittsidee, wonach das, was recht ist, sich durchsetzt, die Gegenidee, wonach das, was sich durchsetze – die sozialistische Gegenrevolution –, schon deshalb recht sei. So folgt der Aufklärung über die rechtlichen Bedingungen freundlichen und friedlichen Zusammenlebens die »zweite Aufklärung«, derzufolge es nicht auf das Recht, sondern auf die Produktionsverhältnisse ankomme. Der Idee der Freiheit folgt die Idee der »Befreiung von Religion, Eigentum und Gewerbe«, der Idee der Rechtsgleichheit die Gleichheit in der Rechtlosigkeit, der Idee der Brüderlichkeit die Zentralverwaltungswirtschaft, der Idee der Menschenrechte die absolute Herrschersouveränität, der Idee der Gerechtigkeit des Staates die Vision der Anarchie, der Idee der Befreiung durch Recht die Idee der Befreiung vom Recht, der

Rechtsidee unparteilichen Urteilens die Parteilichkeit, der Rechtsbindung des Staates die Ermächtigung der Parteiführung, der Gewaltenteilung die Gewaltenkonzentration, der Demokratie der »demokratische Zentralismus«, kurz: der demokratischen Revolution die sozialistische Gegenrevolution, aus deren Sicht die demokratische Revolution als »Konterrevolution« erscheint.

Und das alles wird ernst genommen und als durchaus vertretbare Position in Ehren gehalten bei hochangesehenen Gelehrten, Schriftstellern, Künstlern, Medienmachern und Erziehern, ja selbst bei Priestern, Ordensleuten und Theologen, deren Religion die sozialistische Gegenrevolution mit Stumpf und Stiel auszurotten zu ihrem Ziel erklärt hat.[1] Die künftige Menschheit wird mit kopfschüttelndem Staunen auf diesen geistigen Fieberwahn zurückblicken, der 200 Jahre nach der Aufklärung alles durch sie Erreichte aufhebt und ins Gegenteil verkehrt.

---

1 So zuletzt der Generalsekretär der KPdSU, Gorbatschow, in seiner Rede vom 24. Nov. 1986 in Taschkent, abgedruckt in: Pravda Vostoka vom 25. Nov. 1986: »Den religiösen Erscheinungsformen wird der entschlossene Kampf angesagt, die atheistische Propaganda verstärkt. Selbst die kleinste Diskrepanz zwischen Wort und Tat ist hierbei unzulässig.«

II. Teil
Auf dem Weg zur demokratischen Weltrevolution

Kapitel 4
Die Fortschrittshoffnung der politischen Aufklärung

16 Kant: Das Recht wird sich durchsetzen

Kant behauptete, nach den »Aspekten und Vorzeichen unserer Tage« (er meinte damit die Französische Revolution) könne er auch »ohne Sehergeist« ein »nicht mehr gänzlich rückgängig werdende(s) Fortschreiten«[1] in der Ausbreitung der demokratischen Revolution vorhersagen. (Kant nennt sie »republikanisch«, denn unter »Demokratie« verstand er die rechtlich ungebundene, also despotische unmittelbare Volksherrschaft.[2] Sein Begriff der Republik deckt sich mit dem, was wir heute unter dem gewaltenteilenden demokratischen Verfassungsstaat verstehen.) Wenn er mit moralischem Enthusiasmus von der Französischen Revolution sprach, so bezog er sich auf deren erstes Stadium, das zur Verfassung von 1791 führte, und nicht etwa auf das im August 1792 einsetzende Stadium des Terrorismus.[3]

In dieser ersten Französischen Revolution sah er den Beginn der »Evolution einer naturrechtlichen Verfassung«.[4] »Denn ein solches Phänomen vergißt sich nicht mehr, weil es eine Anlage

---

1 Kant, Der Streit der Fakultäten. Der Streit der Philosophischen Fakultät mit der Juristischen, Bd. XI, S. 361.
2 Kant, Zum ewigen Frieden, Bd. XI, S. 204 f.
3 Vgl. zu den beiden Stadien der Französischen Revolution: M. Kriele, Einführung in die Staatslehre, 2. Aufl. 1981, §§ 66–72. Über Kants Verhältnis zu den beiden französischen Revolutionen vgl. Peter Burg, Kant und die französische Revolution, 1974, insbes. S. 185 ff.; vgl. zu Kant als Philosoph des politischen Fortschritts Gerhard Funke, Von der Aktualität Kants, 1979, S. 145 ff.; Walter Euchner, in: Zwi Batscha (Hrsg.), Materialien zu Kants Rechtsphilosophie, Frankfurt a. M. 1976, S. 390 ff.
4 Kant, Der Streit der Fakultäten. Der Streit der Philosophischen mit der Juristischen, XI, S. 360.

und ein Vermögen in der menschlichen Natur zum Besseren aufgedeckt hat.«[1] Das gelte ungeachtet des Scheiterns der Französischen Revolution. »Denn jene Begebenheit ist zu groß, zu sehr mit dem Interesse der Menschheit verwebt, und, ihrem Einflusse nach, auf die Welt in allen ihren Teilen zu ausgebreitet, als daß sie nicht den Völkern, bei irgendeiner Veranlassung günstiger Umstände, in Erinnerung gebracht und zu Wiederholung neuer Versuche dieser Art erweckt werden sollte.«[2] Kant wendet den Gedanken ins Allgemeine und meint, »daß das menschliche Geschlecht im Fortschreiten zum Besseren immer gewesen sei, und so fernerhin fortgehen werde«.[3] Dieser Satz sei »ein nicht (…) bloß in praktischer Absicht empfehlungswürdiger, sondern allen Ungläubigen zum Trotz auch für die strengste Theorie haltbarer«[4], wenngleich Kant zugesteht, er verfolge mit seiner Behauptung zugleich auch praktische Zwecke. Es sei nämlich »von der größten Wichtigkeit: mit der Vorsehung zufrieden zu sein (ob sie uns gleich auf unserer Erdenwelt eine so mühsame Bahn vorgezeichnet hat): teils, um unter den Mühseligkeiten immer noch Mut zu fassen, teils, um… nicht… in der Selbstbesserung die Hilfe dagegen zu versäumen«.[5] An anderer Stelle fügt er hinzu, daß eine pessimistische Theorie »das Übel wohl gar selbst bewirkt, was sie vorhersagt«, also, wie man heute sagt, als »self-fulfilling prophecy« wirke: sie müsse »unter dem Vorwande einer des Guten… nicht fähigen menschlichen Natur… das Besserwerden unmöglich machen und die Rechtsverletzung verewigen«.[6] Es sei nur nötig, gewissermaßen die geschichtliche Vogelperspektive einzunehmen, um zu erkennen, daß »das Fortschreiten zum Besseren… zwar bisweilen unterbrochen, aber nie abgebrochen sein werde«.[7] Kant setzt auf einen »regelmäßigen Gang der Verbesserung der Staatsverfassung in unserem Weltteile (der wahrscheinlicher-

---

1 Kant, a. a. O., S. 361.
2 Kant, a. a. O., S. 361.
3 Kant, a. a. O., S. 362.
4 Kant, a. a. O., S. 362.
5 Kant, Mutmaßlicher Anfang der Menschengeschichte, XI, S. 99.
6 Kant, Zum ewigen Frieden, XI, S. 234 f.
7 Kant, Über den Gemeinspruch: Das mag in der Theorie…, XI, S. 167.

weise allen anderen dereinst Gesetze geben wird«).[1] Er hat also die Kühnheit, anders als Hegel, nicht bloß im Rückblick festzustellen, daß es Fortschritte gegeben habe, sondern ihn auch für die Zukunft vorauszusagen, wobei er lediglich den Vorbehalt globaler Katastrophen anbringt.[2]

Kant geht, wie alle Naturrechtslehre und Anthropologie seiner Zeit, davon aus, daß sich der Mensch vom Tier vor allem durch die Vernunft unterscheidet. Was die Vernunft ihn lehre, was er aber zu tun unterlasse, werde ihm von der Natur schließlich aufgenötigt: Die Ungeselligkeit wird »durch sich selbst genötigt, sich zu disziplinieren, und so, durch abgedrungene Kunst, die Keime der Natur vollständig zu entwickeln«.[3]

Zwar schließe die Freiheit des Menschen aus, vorherzusagen, was sie tun werden.[4] Aber der Fortschritt in der Rechtsentwicklung hänge nicht so sehr davon ab, »was wir tun...; sondern von dem, was die menschliche Natur in und mit uns tun wird, um uns in ein Gleis zu nötigen, in welches wir uns von selbst nicht leicht fügen würden«.[5] Hier meint Kant nicht die Vernunftnatur, sondern die tierhafte Natur, die die Menschen zur Ungeselligkeit und zur Gewalttätigkeit gegeneinander treibt. Aber gerade die »allseitige Gewalttätigkeit und daraus entspringende Not« mußte »endlich ein Volk zur Entschließung bringen..., sich dem Zwange, den ihm die Vernunft selbst als Mittel vorschreibt, nämlich dem öffentlicher Gesetze zu unterwerfen, und in eine staatsbürgerliche Verfassung zu treten«.[6]

Kant beschreibt einen Mechanismus, den Hegel später als »die List der Vernunft« bezeichnete und damit kennzeichnete, daß die Vernunft »die Leidenschaften für sich wirken läßt«.[7] So im Ansatz auch schon Kant: »Das moralisch Böse hat die von seiner

---

1 Kant, Idee zu einer allgemeinen Geschichte in weltbürgerlicher Absicht, XI, S. 48.
2 Kant, Der Streit der Fakultäten, XI, S. 361 f.
3 Kant, Idee..., XI, S. 40.
4 Kant, Der Streit der Fakultäten, XI, S. 355.
5 Kant, Über den Gemeinspruch: Das mag in der Theorie..., XI, S. 169.
6 Kant, Über den Gemeinspruch, XI, S. 169.
7 G. W. F. Hegel, Vorlesungen über die Philosophie der Geschichte, in: G. W. F. Hegel, Werke in zwanzig Bänden, Frankf./M. 1986, Bd. 12, S. 49.

Natur unabtrennliche Eigenschaft, daß es in seinen Absichten (vornehmlich im Verhältnis gegen andere Gleichgesinnte) sich selbst zuwider und zerstörend ist und so dem (moralischen) Prinzip des Guten, wenngleich durch langsame Fortschritte Platz macht.«[1] Aber dieser Fortschritt bestehe nicht in einem Zuwachs an Moralität, sondern an Legalität.[2] Er sei folglich nicht durch Erziehung zu bewirken[3], sondern nur durch die allmähliche Annäherung des Rechts an die Rechtsidee von Freiheit und Gleichheit. Dies vermöge die Vernunft uns zu lehren, aber sie sei zu ohnmächtig, um sich unmittelbar durchzusetzen. Erst die Erfahrung der Not bringe den Menschen mit der Zeit Schritt für Schritt dazu, sich der Notwendigkeit eines gerechten Rechts anzubequemen: »So muß, was guter Wille hätte tun sollen, aber nicht tat, endlich die Ohnmacht bewirken.«[4] Denn: »Die Natur will unwiderstehlich, daß das Recht zuletzt die Obergewalt erhalte. Was man nun hier verabsäumt zu tun, das macht sich zuletzt selbst, obzwar mit sehr viel Ungemächlichkeit.«[5]

17 Empirische Beweisgründe

Zur Überzeugungskraft einer solchen optimistischen Betrachtungsweise gehört freilich, daß sie sich in der Erfahrung bewährt. Gegen Ende des 18. Jahrhunderts schien es offenkundig, daß sich selbst die absolutistischen Staaten, wie Kant sagt, »im äußeren Verhalten dem, was die Rechtsidee vorschreibt, schon sehr nähern, obgleich das Innere der Moralität davon sicher nicht die Ursache ist«.[6] Die Fortschritte im Recht lagen auf der Hand: etwa die Anerkennung der Religionsfreiheit, die Überwindung der Hexenverfolgung, die Öffnung der Beweisregeln im Strafprozeß, die Abschaffung der Tortur als Beweismittel, die

---

1 Kant, Zum ewigen Frieden, XI, S. 242.
2 Kant, Der Streit der Fakultäten, XI, S. 365.
3 Kant, a. a. O., S. 366.
4 Kant, Über den Gemeinspruch, XI, S. 170.
5 Kant, Zum ewigen Frieden, XI, S. 225.
6 Kant, Zum ewigen Frieden, XI, S. 224.

Mäßigung der Strafen, die Kodifizierung des Rechts, die Selbsteinschränkung monarchischer Willkür durch freiwillige Rechtsbindung. Kant, der Republikaner, meinte, wenn auch spürbar seufzend: »Ein Staat kann sich auch schon republikanisch regieren, wenngleich er noch, der vorliegenden Konstitution nach, despotische Herrschermacht besitzt.«[1] Dann bestehe eine »dem Geiste eines repräsentativen Systems gemäße Regierungsart«[2], wie unter Friedrich II. in Preußen: Das Jahrhundert Friedrichs sei zwar nicht ein aufgeklärtes Zeitalter, aber ein Zeitalter der Aufklärung.[3]

Kant erkannte darin »schwache Spuren der Annäherung« an die Rechtsidee.[4] Der »kleine Teil, den die Menschheit in dieser Absicht zurückgelegt hat«[5], erlaube aber schon, Schlußfolgerungen auf den weiteren Fortschritt zu ziehen, ähnlich wie die Astronomen nach Beobachtung eines Teils der Bahn der Gestirne auf ihren gesamten Umlauf schließen könnten.[6]

Für Kant genügten diese Ansätze, um die Beweislast für die empirische Tatsächlichkeit des Fortschritts von sich zu weisen: »Der Gegner derselben muß beweisen«[7], könne aber mit empirischen Beweisgründen nichts ausrichten. »Denn: daß dasjenige, was bisher noch nicht gelungen ist, darum auch nie gelingen werde, berechtigt nicht einmal, eine pragmatische oder technische Absicht (wie z. B. die Luftfahrten mit aerostatischen Bällen) aufzugeben; noch weniger aber eine moralische, welche, wenn ihre Bewirkung nur nicht demonstrativ-unmöglich ist, Pflicht wird.«[8]

Gleichwohl führt Kant eine Reihe von empirischen Gründen dafür an, daß selbst absolutistische Staaten gezwungen sind, ihren Despotismus zu mäßigen und sich der Rechtsidee anzunähern. Dazu zwinge sie sogar ihre »selbstsüchtige Vergröße-

---

1 Kant, a. a. O., S. 233.
2 Kant, a. a. O., S. 207.
3 Kant, Beantwortung der Frage: Was ist Aufklärung?, XI, S. 59.
4 Kant, Idee zu einer allgemeinen Geschichte…, XI, S. 46.
5 Kant, a. a. O., S. 45.
6 Kant, a. a. O., S. 45.
7 Kant, Über den Gemeinspruch, XI, S. 167.
8 Kant, a. a. O., S. 168.

rungsabsicht«, »wenn sie nur ihren eigenen Vorteil verstehen«.[1] Das tatsächliche Ausmaß der Macht der Staaten hänge nämlich davon ab, »daß keiner in der inneren Kultur nachlassen kann, ohne gegen die andere Macht an Einfluß zu verlieren«.[2] Bürgerliche Freiheit sei die Voraussetzung für das Blühen von Gewerbe und Handel, somit für Steuereinkünfte und Minderung der Schuldenlast.[3] Aus diesen Sachzwängen heraus aber, meint Kant, geht diese Freiheit »allmählich weiter. Wenn man den Bürger hindert, seine Wohlfahrt auf alle ihm selbst beliebige Art, die nur mit der Freiheit anderer zusammen bestehen kann, zu suchen, so hemmt man die Lebhaftigkeit des durchgängigen Betriebs und hiermit wiederum die Kräfte des Ganzen. Daher wird die persönliche Einschränkung in seinem Tun und Lassen immer mehr aufgehoben, die allgemeine Freiheit der Religion nachgegeben.«[4] Vor allem die Kriegsgefahr mäßige den Despotismus aus zwei Gründen: einmal, »weil Reichtum dazu erfordert wird, daß ein Staat jetzt eine Macht sei, ohne Freiheit aber keine Betriebsamkeit, die Reichtum hervorbringen könnte, stattfindet«[5], zum anderen, weil die staatsbürgerliche Loyalität des Volks »große Teilnehmung an der Erhaltung des gemeinen Wesens« voraussetze, welche »nicht anders, als wenn es sich darin frei fühlt, möglich ist«[6].

18 Der geschichtsphilosophische Hintergrund

Im Hintergrund dieses Fortschrittsoptimismus steht die klassische Teleologie: »Alle Naturanlagen eines Geschöpfs sind bestimmt, sich einmal vollständig und zweckmäßig auszuentwickeln.«[7] Die den Menschen kennzeichnende Vernunft könne sich freilich »nur in der Gattung, nicht aber im Individuum vollstän-

1 Kant, Idee zu einer allgemeinen Geschichte..., XI, S. 46.
2 Kant, a. a. O., S. 46.
3 Kant, a. a. O., S. 46 f.
4 Kant, a. a. O., S. 46.
5 Kant, Mutmaßlicher Anfang..., XI, S. 98.
6 Kant, a. a. O., S. 98.
7 Kant, Idee zu einer allgemeinen Geschichte..., XI, S. 35.

dig entwickeln«.[1] Die Natur verfahre, »selbst im Spiel menschlicher Freiheit, nicht ohne Plan und Endabsicht«.[2] Denn man könne vernünftigerweise nicht »Zweckmäßigkeit der Naturanstalt in Teilen und doch Zwecklosigkeit im Ganzen« annehmen.[3] Die moralische Pflicht werde durch diesen Zwang der Natur nicht aufgehoben oder relativiert, sondern bestätigt und gewissermaßen sanktioniert: auf die Mißachtung des Naturrechts setzt die Natur die Strafe des Unfriedens.

Deshalb könne man die »Geschichte der Menschengattung im großen als die Vollziehung des verborgenen Naturplans ansehen, um eine... vollkommene Staatsverfassung zustande zu bringen, als den einzigen Zustand, in welchem sie alle Anlagen in der Menschheit völlig entwickeln kann«.[4] Diesen Naturplan vorausgesetzt, eröffne sich »die Aussicht in die Zukunft..., in welcher die Menschengattung in weiter Ferne vorgestellt wird, wie sie sich doch zu dem Zustande emporarbeitet, in welchem alle Keime, die die Natur in sie legte, völlig von ihnen entwickelt und ihre Bestimmung hier auf Erden kann erfüllet werden«.[5] Dieser Naturplan aber verrate »die Anordnung eines weisen Schöpfers«.[6] Er schaffe »dem Zwecke der Menschheit im Ganzen ihrer Gattung zur Erreichung ihrer endlichen Bestimmung durch freien Gebrauch ihrer Kräfte, soweit sie reichen, einen Ausgang..., welchem die Zwecke der Menschen, abgesondert betrachtet, gerade entgegenwirken. Denn eben die Entgegenwirkung der Neigungen, aus welchen das Böse entspringt, untereinander, verschafft der Vernunft ein freies Spiel, sie insgesamt zu unterjochen; und, statt des Bösen, was sich selbst zerstört, das Gute, welches, wenn es einmal da ist, sich fernerhin von selbst erhält, herrschend zu machen.«[7]

Kant erläutert: »Wenn ich von der Natur sage: sie will, daß

---

1 Kant, a. a. O., S. 35.
2 Kant, a. a. O., S. 48.
3 Kant, a. a. O., S. 43 f.
4 Kant, a. a. O., S. 45.
5 Kant, a. a. O., S. 49.
6 Kant, a. a. O., S. 39. Kant spricht in diesem Sinne von der »Vorsehung« – ein Begriff, der durch Mißbrauch inzwischen in Verruf geraten ist.
7 Kant, Über den Gemeinspruch, XI, S. 171.

dies und jenes geschehe, so heißt das nicht…, sie legt uns eine Pflicht auf, es zu tun (denn das kann nur die zwangsfreie praktische Vernunft), sondern sie tut es selbst, wir mögen es wollen oder nicht.«[1] Und Kant fügt den römischen Spruch hinzu: Fata volentem ducunt, nolentem trahunt: Die Schicksalsgötter führen den Bereitwilligen und zwingen den Widerstrebenden. Sie zwingen ihn dazu, dem allgemeinen Willen, der volonté général Rousseaus im Unterschied zur volonté des tous, also der Rechtsidee im Unterschied zu der `Summe partikularer Eigenwillen, Geltung zu verschaffen, »und zwar gerade durch jene selbstsüchtigen Neigungen, … so, daß es nur auf eine gute Organisation des Staates ankommt…, jener ihre Kräfte so gegeneinander zu richten, daß eine die anderen in ihrer zerstörenden Wirkung aufhält oder diese aufhebt: so daß der Erfolg für die Vernunft so ausfällt, als wenn beide gar nicht da wären, und so der Mensch, wenngleich nicht ein moralisch-guter Mensch, dennoch ein guter Bürger zu sein gezwungen wird«.[2] Sie zwingen ihn also zu dem, was aus freien Stücken hätte geschehen können und sollen. »Wenn es keine Freiheit und darauf gegründetes moralisches Gesetz gibt, sondern alles, was geschieht oder geschehen kann, bloß ein Mechanismus der Natur ist, so ist… der Rechtsbegriff ein sachleerer Gedanke.«[3]

Die Moralität aber, die uns bewege, dem Recht zum Recht verhelfen zu wollen, habe die Hoffnung auf das Besserwerden zur »notwendigen Voraussetzung«[4]. »Der gute Mendelssohn mußte doch auch darauf vertraut haben, wenn er für die Aufklärung und Wohlfahrt… so eifrig bemüht war«[5], wendet Kant gegen Moses Mendelssohns historischen Skeptizismus ein. Damit unterscheidet Kant das, was man zu meinen meint, von dem, was man im Grunde wirklich meint, und was daran erkennbar ist, daß man es in seinen Handlungen voraussetzt.

So verschmelzen Gottvertrauen, Moralität und Fortschritts-

1 Kant, Zum ewigen Frieden, XI, S. 223.
2 Kant, a. a. O., XI, S. 223 f.
3 Kant, a. a. O., S. 232.
4 Kant, Über den Gemeinspruch…, XI, S. 167.
5 Kant, a. a. O., S. 168.

hoffnung zu einer Einheit und werden zur Quelle einer neuen Theodizee, die sich auf die Betrachtung der Geschichte gründet. Diese könne nicht nur ein »Possenspiel«[1], eine »Sisyphustätigkeit«[2] sein: »Was hilft's, die Herrlichkeit und Weisheit der Schöpfung im vernunftlosen Naturreich zu preisen und der Betrachtung zu empfehlen, wenn der Teil des großen Schauplatzes der obersten Weisheit, der von allem diesen den Zweck enthält – die Geschichte des menschlichen Geschlechts –, ein unaufhörlicher Einwurf dagegen bleiben soll...?«[3]

So sah es später auch Hegel: daß die Weltgeschichte das Werden des Geistes in der Idee der Freiheit und des Bewußtseins der Freiheit ist, dies, sagt er, »ist die wahrhafte Theodizee, die Rechtfertigung Gottes in der Geschichte«.[4] Diese Rechtfertigung liegt für Kant wie für Hegel nicht darin, daß das, was geschieht, an sich Gottes Wille und deshalb gut ist, sondern daß das Gute eine dem Bösen überlegene Kraft besitzt – zwar nicht im einzelnen, wo das Böse wieder und wieder seine Überlegenheit behauptet, aber doch aufs Ganze der Welt und ihrer Geschichte gesehen. Denn Gott habe dem Bösen, das untereinander in ständigem Widerstreit liege, die Kraft beigelegt, sich selbst zu zerstören und dem Fortschritt des Guten Raum zu geben.

Den Kräften der Degeneration stehen die Kräfte der Regeneration gegenüber, der Krankheit die Kräfte der Genesung, dem Winter der Frühling, dem »Stirb« das »Werde«, dem Unrecht das Recht, dem Krieg der Friede, dem Tod die Auferstehung. Kant entwarf bereits die Dialektik, die Hegel später ausarbeitete und zur Grundlage der Geschichtsphilosophie machte. Die Vorsehung, sagt er, geht »aufs Ganze und von da auf die Teile«, während die Menschen »mit ihren Entwürfen nur von den Teilen ausgehen, wohl gar nur bei ihnen stehenbleiben und aufs Ganze... zwar ihre Ideen, aber nicht ihren Einfluß erstrecken können: vornehmlich da sie, in ihren Entwürfen einander wider-

1 Kant, a. a. O., S. 166.
2 Kant, Der Streit der Fakultäten, XI, S. 354.
3 Kant, Idee zu einer allgemeinen Geschichte..., XI, S. 49.
4 Hegel, Vorlesungen über die Philosophie der Geschichte, a. a. O., S. 540.

wärtig, sich aus eigenem freien Vorsatz schwerlich dazu vereinigen würden«.[1]

Der Fortschritt des Rechts beruhe also auf einem Zusammenspiel von Zwang der Natur und Überzeugungskraft der Aufklärung, mittels der auch noch der Besiegte auf die ihn unterwerfenden Mächte prägend und verwandelnd wirke. Kant erwähnt den Einfluß der Griechen »auf die Bildung und Mißbildung des Staatskörpers des römischen Volkes, das den griechischen Staat verschlang«, und den Einfluß der Römer »auf die Barbaren, die jenen wiederum zerstörten«.[2] Der Auf- und Niedergang der Eroberungen und der Revolutionen geschah so, »daß immer ein Keim der Aufklärung übrigblieb, der, durch jede Revolution mehr entwickelt, eine folgende, noch höhere Stufe der Verbesserung vorbereitete«.[3] Dieser Gedanke sei ein »Leitfaden« der Weltgeschichte, der freilich noch der Ausführung bedürfe – eine Aufgabe, die später Hegel in Angriff nahm.

Für Hegel wie für Kant hat die Weltgeschichte vor allem unter dem Aspekt Interesse, wie die Sittlichkeit des Allgemeinen in Recht und Staat Fuß zu fassen und sich auszubreiten beginnt. Hegel begreift die Sittlichkeit weniger formal als Kant. Zwar unterscheidet auch er staatlich erzwingbare Legalität und nicht erzwingbare Moralität. Indem er aber die Sittlichkeit in den gesellschaftlichen Institutionen lebendig sah, die Recht und Moral übergreifen und deshalb eine legale und eine moralische Seite haben, gelang es ihm, die Wirklichkeit der Sittlichkeit viel konkreter zu erfassen als Kant und gewissermaßen dem Gerippe seiner Fortschrittslehre Fleisch zuzusetzen. Aber für ihn wie für Kant war die Weltgeschichte eine Geschichte des Fortschritts der Freiheit und des Bewußtseins der Freiheit.

Die Geschichte des 19. Jahrhunderts gibt Kant bis zu einem gewissen Grade recht. In ganz Europa haben sich die absolutistischen Monarchien zu demokratischen Verfassungsstaaten umgebildet, und zwar in der Regel, ohne daß es des Blutvergießens einer gewaltsamen Revolution bedurft hätte.

---

1 Kant, Über den Gemeinspruch…, XI, S. 169.
2 Kant, Idee zu einer allgemeinen Geschichte…, XI, S. 48.
3 Kant, a. a. O., S. 49.

Die Geschichte des 20. Jahrhunderts hat uns freilich neue Erfahrungen vermittelt. Kants Voraussetzung, daß eine Monarchie, selbst wenn sie absolutistisch strukturiert ist, im Kern immer noch einen Rechtsstaat bildet, ist in den totalitären Systemen, wie sie unser Jahrhundert hervorgebracht hat, nicht mehr gegeben. Das Wesen des Totalitarismus ist die Parteilichkeit der Parteidiktatur, also die prinzipielle Ersetzung der Rechtsidee durch ihr genaues Gegenteil. Der Totalitarismus ist der institutionalisierte Bürgerkrieg, der auf der Seite der Machthaber mit Polizeimitteln geführt wird. Sein Gewaltmonopol dient nicht nur der Eindämmung des Verbrechens, sondern vor allem der machtvollen Institutionalisierung des Verbrechens durch den Staat selbst.

Hölderlins Satz »Wo aber Gefahr ist, wächst das Rettende auch«[1] gilt auch umgekehrt: Wo das Rettende ist, wächst auch die Gefahr. Je weiter der Fortschritt der Rechtsentwicklung, desto größer die Gefahr des Absturzes und desto tiefer der mögliche Fall. Der Fortschritt ist nicht etwas, was sich von alleine, gewissermaßen entwicklungsmäßig wachsend vollzieht, sondern eine Aufgabe, die in unsere Freiheit gegeben ist, eine Chance, die wir zu erkämpfen und zu erhalten haben.

Der Kern der aufklärerischen Fortschrittsidee war die Annahme, daß das, was recht ist, sich durchsetzt. Ihr Gegenteil ist die Annahme, daß das, was sich durchsetzt, recht sei. In dieser pervertierten Gestalt inspiriert die Fortschrittsidee die sozialistische Gegenrevolution mit der Folge, daß die Idee des Fortschritts in den Augen vernünftig denkender Menschen diskreditiert wird.[2] Wenn der subjektiv geglaubte Fortschritt objektiv zum Rückschritt führt, dann mag man überhaupt nicht mehr an Fortschritt denken, verliert die Hoffnung auf ihn und wird in seiner Tatkraft, in seinem Einsatz für ihn gelähmt.

---

1 Johann Christian Friedrich Hölderlin (1770–1843), »Patmos«, in: Hölderlin – Gesammelte Werke in zwei Bänden, hrsg. von Rudolf Bach, Bd. I, Heidelberg 1949, S. 170.

2 Eingehender M. Kriele, Das »Recht der Macht«. Die normative Kraft des Faktischen und der Friede, Kontinent 1983, Heft 3, S. 7 ff.

Es gibt somit zwei grundverschiedene Typen des Fortschrittsdenkens. Der eine beruht auf der Annahme einer letzten Überlegenheit des Guten über das Böse, der andere auf der normativen Kraft des Faktischen. Der eine hat seine Wurzeln im Naturrechtsdenken, das sich mit der christlichen Geschichtsauffassung verträgt, der andere im historischen Materialismus.

Die christliche Geschichtsauffassung gibt es in optimistischer und pessimistischer Gestalt. Beide stimmen in einem überein: der Sieg als solcher beweist nicht das Gute. Zwar siegt in der christlichen Perspektive am Ende das Gute: auf die Kreuzigung folgt die Auferstehung, auf den Triumph des Antichrist am Ende der Geschichte das Wiedererscheinen Christi. Das Gute ist also mächtiger als das Böse, aber nur auf das große Ganze gesehen. Die pessimistische Variante der christlichen Geschichtsauffassung verlagert diesen Sieg ganz in die eschatologische Perspektive, die optimistische gibt dem Guten im Verlauf der Weltgeschichte seine Chance, wenn auch unter dem »eschatologischen Vorbehalt«. Diese Chance ist aber zugleich auch gefährdet: es bleibt durchaus möglich, daß das Böse wieder und wieder siegen wird. Deshalb kann ein geschichtlicher Sieg, auch wenn er sich auf Jahrhunderte zu stabilisieren vermag, weder Recht noch Unrecht beweisen. Dieses beweist sich ausschließlich durch die moralische Urteilskraft. *Wenn* das Gute sich durchsetzt, *dann* gibt es einen Fortschritt. Dieser Fortschritt ist also ein bedingter, er ist ständig von Rückfall bedroht und an die moralische Verantwortung derer, die die Geschichte machen, gebunden.

Die marxistische Idee der Progressivität hingegen ist heidnisch-archaischen Ursprungs: Wer siegt, hat recht. Diese Annahme ist eine Ausprägung des vitalistischen »Rechts des Stärkeren«. Dahinter steht auch die Vorstellung vom Gottesurteil: Wer im Zweikampf siegt, ist von den Göttern dazu bestimmt, weil er im Recht ist. Der Sieg beweist das Recht. Ursprünglich hat der – vormarxistische und nichtmarxistische – Sozialismus seine Siegesgewißheit auch auf den moralischen Anspruch, im Recht zu sein, gestützt. Die sozialen Probleme des Frühkapitalismus ließen die sozialistische Revolution als moralisch begründete Empörung über offenkundige Ungerechtigkeiten erscheinen. Heute hat die Erfahrung längst erwiesen, daß der demokratische Verfassungsstaat die wirtschaftlichen und sozialen Probleme bei weitem gerechter zu lösen vermag als der sozialistische Zwangsstaat. Dessen moralischer Anspruch ist durch 70 Jahre Terror und Imperialismus längst und vollständig diskreditiert, und die Hoffnung, daß die Vollendung der sozialistischen Gegenrevolution irgendeine Form von Befreiung und den Staat zum Absterben bringen könne, ist als Illusion erwiesen.

Was bleibt, ist die Erfahrung des bisherigen Sieges – nämlich die Ausbreitung marxistischer Herrschaft über ein Drittel der Menschheit – und die Erwartung des unausweichlichen Endsiegs. Während die Gegner »auf dem Müllhaufen der Geschichte enden« werden, werden die Marxisten zu den Wegbereitern des künftigen Neuen gehören. Das letzte Wort hat weder Moral noch Theorie, sondern die Vorstellung von den Bewegungstendenzen des geschichtlichen Prozesses: dem Sozialismus gehört die Zukunft, und deshalb hat der Sozialismus recht. Derselbe heidnische Fortschrittsgedanke – wer siegt, hat recht – trug auch die nationalsozialistische Bewegung. Mit Fahnen und Liedern, Lagerfeuern und Märschen (»Mit uns zieht die neue Zeit«, »Es zittern die morschen Knochen«) feierte man den Triumph einer neuen Zeit, eines tausendjährigen Reiches. In dem Augenblick, als sich Hitlers Sieg stabilisierte, wurden auch zahllose Menschen schwankend, die bis dahin Hitler distanziert oder ablehnend gegenübergestanden hatten. Wenn das, was man eigentlich meint und will, in der Geschichte zum Untergang bestimmt ist, dann scheint es seine Berechtigung zu verlieren: ein Gottesurteil der »Vorsehung«. Erst mit Hitlers Niederlage verschwand dieser Spuk.

Der mitreißende Schwung der Siegeserwartung relativiert alle Grundbegriffe unserer Moral: gut und böse, wahr und falsch, gerecht und ungerecht, fair und unfair und so weiter... Diese finden nur noch für Zwecke der Propaganda Verwendung. Sie sind ersetzt durch die Grundbegriffe progressiv und reaktionär: Progressiv ist, was die Tendenz des geschichtlichen Prozesses unterstützt, reaktionär, was sich ihr entgegenstellt. Das gilt unabhängig vom moralischen Gehalt des Geschehens, also auch dann, wenn sich dieses nur noch mit Propaganda und Gewalt durchzusetzen vermag.

Es gibt drei Stufen der politischen Verführung: die einfachste ist die des Geldes, das zur Korruption verführt; eine höhere ist die der Macht, die zu Mißbrauch verführt; die höchste ist die der »Progressivität«, des Einklangs mit der Geschichte. Gliedert man den Menschen in Leib, Seele und Geist, so kann man sagen: Mit Geld befriedigt man die Bedürfnisse des Leibes, mit Macht steigert man die psychische Lust, mit der Idee des Progressiven verführt man den Geist. Die höchste Stufe ist also zugleich die subtilste, feinste, unsichtbarste und wirksamste: die Idee der sozialistischen Progressivität erzeugt den Glauben, im Einklang mit der Geschichte zu handeln und deshalb in einem höheren Sinne immer im Recht zu sein. Dieser Glaube ist die Abdankung der Vernunft und Moral schlechthin.

Kapitel 5
Legitimität im modernen Territorialstaat

20 Die Ausbreitung des Territorialstaates

Heute gibt es keine Legitimität mehr außer der des Rechts und der Demokratie. In fast der ganzen Welt hat sich der moderne Territorialstaat durchgesetzt. Seine innere Legitimation leitet sich entweder aus dem Recht ab, oder sie besteht überhaupt nicht. Der Territorialstaat ist entweder ein gewaltenteilender demokratischer Verfassungsstaat oder die Despotie einer rechtlich unumschränkt herrschenden Clique von Militärs, Parteiideologen, Theokraten oder Revolutionsführern. Die verschiedenen Despotien bestehen nur kraft Propaganda und Gewalt. Die Tatsache, daß sie dieser Techniken bedürfen, beweist aber zugleich, daß sie keine innere Legitimation haben. Sie beweist damit indirekt die Gültigkeit der einzigen heute wirksamen Legitimationsgrundlage.

Legitimität bedeutet: Akzeptanz des Staates und seines Rechts nicht nur aus Furcht vor seiner Gewalt, sondern aus der Überzeugung heraus, daß sie berechtigt sind. Diese Überzeugung setzt als erstes voraus, daß der Staat und sein Recht ein Mindestmaß an Unparteilichkeit gewährleisten: Macht sich der Staat zum parteilichen Instrument eines Volksstammes (wie in manchen Staaten Afrikas), einer Rasse (wie in Südafrika), einer bürgerlichen Oberschicht (wie in manchen Staaten Lateinamerikas), einer Konfession (wie heute noch in Nordirland und in Staaten der »islamischen Revolution«) oder einer ideologischen Partei (wie in den sozialistischen Staaten), so kann er sich nur behaupten, wenn er die Benachteiligten mit aller Konsequenz niederhält.

Unparteilichkeit ist der Kern der Gerechtigkeit – mit ihr steht und fällt die Möglichkeit rationaler Legitimität.

In traditional und charismatisch begründeten politischen Systemen war es anders: dort wurde die feudale oder religiöse Bevorzugung oder Benachteiligung als selbstverständlich erlebt und nicht in Frage gestellt. Wo sich der Staat rational, also mit einsehbaren Gründen, legitimieren muß, wird hingegen Parteilichkeit erlebt wie eine Verurteilung durch einen gekauften Richter: als unerhörte Beleidigung des elementarsten Rechtsgefühls.

Gegenüber dem Anspruch der demokratischen Revolution, Weltrevolution zu sein, erhebt sich zwar der naheliegende Einwand, die Demokratie sei europäischen Ursprungs, an europäische Voraussetzungen geschichtlicher, philosophischer, theologischer Art gebunden. Ihre Übertragung auf andere Teile der Welt sei weder möglich und zu erwarten noch wünschenswert: wir sollten vielmehr die eigentümlichen Traditionen der außereuropäischen Völker respektieren und ihnen nicht unsere Staatsform empfehlen, die zu ihren Traditionen und Lebensformen nicht passe – ein Argument, in dem »Linke« und »Rechte« übereinstimmen.

Dieses Argument hätte viel für sich, wenn die Völker in ihren Traditionen und Volkszusammenhängen lebten. Aber wo, außer in einigen Regionen des südlichen Asiens und Vorderen Orients und in einzelnen Inselstaaten ist das noch der Fall? Fast überall sonst in der Welt hat sich der moderne Flächenstaat neuzeitlich-europäischer Prägung mit Gebietshoheit und Gewaltmonopol durchgesetzt. Er hat die traditionalen und charismatischen Herrschaftsstrukturen abgebrochen, die Autorität der Priester, Zauberer, Könige oder Häuptlinge unterminiert, die Feudalverhältnisse zerstört.[1]

Traditionale und charismatische Legitimitätsgrundlagen waren an die Identität von ethnischer und politischer Einheit gebunden. Mit dieser Identität steht und fällt die rechtsbegrün-

---

1 Max Weber (1864–1920), Die Entstehung des rationalen Staates, in: Max Weber, Staatssoziologie, hrsg. v. Johannes Winckelmann, Berlin 1956, S. 17 ff.; ders., Der rationale Staat als anstaltsmäßiger Herrschaftsverband mit dem Monopol legitimer Gewaltsamkeit, a. a. O., S. 27. Zum Unterschied von traditionaler, charismatischer und rationaler Legitimität: Max Weber, Die drei Typen der legitimen Herrschaft, in: Staatssoziologie, 2. Aufl., Berlin 1966.

dende Kraft des überlieferten Ethos, des Ahnenkults, des magischen Zeremoniells, des Priesterkönigs, des feudalen Systems, der religiösen und gewohnheitsrechtlichen Tradition und ihrer Ableitung aus sakralen Ursprüngen.

Die Grenzen der Flächenstaaten durchschneiden aber die Lebensbereiche der ethnischen Gruppen und fassen verschiedene zusammen. In Lateinamerika leben Indianer, Spanier, Schwarze, Mestizen, Kreolen in Staaten, deren Hoheitsgebiete wenig Rücksicht auf Volkszusammenhänge und Traditionen nehmen. In Schwarz-Afrika orientieren sich die Staatsgrenzen an den ehemaligen Kolonialgrenzen. Sie trennen zusammengehörige Völker und fassen nicht selten Stämme zusammen, die einander in traditioneller Feindschaft gegenüberstehen und sich nun in blutigen Bürgerkriegen bekämpfen. Eines der Hauptanliegen der Regierungen ist, ein staatsgebundenes, neues Nationalbewußtsein zu schaffen. Dies schließt ein, daß die traditionalen Zusammenhänge bewußt eingeebnet oder zumindest bedeutungslos gemacht werden. Wenn aber der moderne Territorialstaat mit seinen Grenzen die ethnischen Siedlungsgebiete durchschneidet und verschiedene Stämme, Völker und Rassen zusammenfaßt, so kann er seinen Geltungsanspruch entweder nur auf Gewalt stützen und besitzt dann überhaupt keine Legitimation oder er vermag mit einsichtigen Gründen von seiner Berechtigung zu überzeugen, d. h., seine Legitimität durch die Rechtsidee begründen.

Der moderne Territorialstaat beansprucht das Gewaltmonopol in seinem Hoheitsgebiet. Ist seine Gewalt aus den traditionellen Bindungen gelöst und damit aus der ihnen eigenen Sittlichkeit, dem Respekt vor Göttern, Ahnen oder Ältesten, der Achtung der Gewohnheiten und der eingespielten Regeln, so bedarf sie neuer rechtlicher Bindungen. Ohne solche Bindungen wird die Staatsgewalt despotisch, grausam, willkürlich. Sie wird dies um so mehr, wenn sich die Staatsgewalt bei den Angehörigen eines Volksstammes konzentriert, der mit anderen Stämmen in Feindschaft und Fehde liegt. Es gibt nicht einmal das Staatsethos, das selbst die absolutistischen Monarchien des 17. Jahrhunderts noch gemäßigt hat: weder die naturrechtlichen Vorstellungen von Pflichten des Herrschers noch die religiösen Bindungen, noch die eingelebte Sittlichkeit, die aus den traditionellen gegenseitigen Treueverhältnissen von Schutz und Gehorsam stammte, noch die paternalistischen Erwartungen an die Obrigkeit, noch das Ethos der Neutralität und Toleranz, noch gar das Ethos einer an Recht, Unparteilichkeit und Gemeinwohl orientierten Beamtenschaft. Nicht selten betrachten die jeweiligen Inhaber der Staatsgewalt ihr Amt weniger als Pflicht denn als Gelegenheit zur Machtausübung, zur Bekämpfung ihrer Feinde mit Polizeimitteln und zur Bereicherung der eigenen Familie und des weiteren Volksverbands. Oft gilt es geradezu als moralisches Gebot, diesen Verband zu begünstigen, während unparteiische Amtsausübung als schändlicher Verrat angesehen würde. Staatsmänner, die in besonderem Maße die Fahne der »afrikanischen Authentizität« schwangen, entwickelten sich zu gewöhnlichen Militärdiktatoren, wie Mobuto, oder zu grausamen, massenweise mordenden und folternden Tyrannen, wie Sekou Touré. Der Wechsel der Regierungen erfolgt durch Staatsstreiche und die Ermordung der Machthaber, sobald diese in ihrer Wachsamkeit nachlassen und ihre Feinde nicht mehr durch genügend harten Terror im Griff haben. Wenn eine Regierung wirtschaftlich und ökonomisch versagt und das Land in Elend und Bürgerkrieg führt, so hat das Volk keine Möglichkeit, sie abzuwählen und durch eine bessere zu ersetzen, sondern nur die, zur Gewalt zu greifen: und eben diese Möglichkeit zwingt die Machthaber geradezu zum Ausbau eines Spitzel- und Terrorsystems.

Die Verfechter der sozialistischen Gegenrevolution wissen keinen Ausweg: ihre »Befreiungskämpfe« sind nichts anderes als Bestandteile dieses Systems des Wechsels von Diktatur zu Diktatur. Sie unterscheiden sich von den anderen nur durch die Verwendung sozialistischer Propagandaphrasen und durch den Rückhalt der osteuropäischen Staaten, die sie mit Waffen versorgen und ihnen beim Ausbau des Terrorapparats behilflich sind. Sie haben bisher noch in keinem einzigen Fall die Lebenssituation der Menschen in irgendeiner Hinsicht verbessert, sondern im Gegenteil die Verelendung verschlimmert: durch törichte Wirtschaftskonzeptionen, Kollektivierung der Landwirtschaft, Zwangsumsiedlungen, Ostorientierung des Außenhandels und vieles mehr.

Unsere Konservativen wissen freilich auch keinen Rat. Ein

machtorientierter Autor wie Peter Scholl-Latour meint, die Menschenrechte seien für Afrika beinahe schon ein Luxus, was wir versuchen sollten zu retten, sei die Menschenwürde.[1] Wie aber kann die Menschenwürde ohne Menschenrechte gerettet werden? Menschenrechte schützen den Menschen vor willkürlicher Vertreibung, Verhaftung, Folterung und Ermordung, und erst in diesem Schutz liegt die Achtung vor der Menschenwürde.

Der moderne Territorialstaat ist europäischen Ursprungs. Wir haben ihn, zusammen mit der in Europa gewachsenen Wissenschaft, Technik und zum Teil auch mit unseren Konfessionen und den durch sie geprägten Denkweisen über die Welt verbreitet. Ein Zurück zu den traditionellen Lebensformen ist ausgeschlossen. Schon allein die Mobilität der Bevölkerung, die Vermengung der Stämme und Herkünfte in den Großstädten, die Bedürfnisse und Verflochtenheiten der Wirtschaft, die Verbreitung der christlichen Konfession, die neuen Denkformen und Gewohnheiten, die modernen Kommunikationsmittel und anderes machen ein Zurück unmöglich. Und wo es Versuche zur ethnischen Sezession gab, wie in Katanga oder Biafra, wurden sie blutig niedergeworfen. Die Staaten hüten die aus der Kolonialzeit hervorgegangenen Grenzen als einen zu respektierenden Status quo, dessen Nichtanerkennung nur zu Krieg und Blutvergießen führen könne. Also gibt es zum Territorialstaat keine Alternative, und es bleibt nur der Blick nach vorn.

Der Territorialstaat aber ist entweder in ein Rechtssystem eingebunden, oder er ist eine Despotie, deren Härte und Grausamkeit von puren Zweckmäßigkeitserwägungen der Herrschaftserhaltung abhängen. Tertium non datur. Wir haben in Europa gelernt, wie sich in einem modernen Territorialstaat menschlich leben läßt: nämlich indem sich die Staatsgewalt allen Gruppen der Bevölkerung gegenüber neutral verhält, allen, auch den Minderheiten, gleiches Recht zubilligt und auf diese Weise inneren Frieden stiftet. Das setzt voraus, daß sich der Staat an allgemeine Rechtsprinzipien bindet. Das aber kann nur gelingen, wenn der Inhaber der Staatsgewalt nicht willkürlich über das Recht verfügen, es aufheben oder durchbrechen kann, sondern wenn es ihm

---

1 Interview mit dem Deutschlandfunk, 12.6.86.

durch einen von ihm unabhängigen Verfassungs- und Gesetzgeber vorgegeben wird und unabhängige Richter seine Einhaltung kontrollieren, also durch Gewaltenteilung. Stabilität vermag ein solcher Staat erst zu erlangen, wenn Unrechtserfahrungen öffentlich zur Geltung gebracht und in Gesetzen ihren Niederschlag finden können und die Regierungen sich verantworten und zur Disposition stellen müssen: also erst in der Demokratie.

Wir Europäer haben dies erst nach jahrhundertelangen Mühen und Kämpfen auf einem von vielen Rückfällen erschütterten Weg gelernt. Die Lateinamerikaner, Ost- und Südasiaten haben sich ebenfalls davon überzeugt. In Afrika wird der Weg wiederum ein langer und mühsamer sein. Die Afrikaner werden sich dieser Erfahrung in dem Maße aufschließen, in dem sie es müde werden, dem Bürgerkrieg, der Verelendung, dem Terror, der Korruption, den Wahnvorstellungen ihrer Herrscher schutzlos ausgeliefert zu sein. Sie können den Weg abkürzen, wenn sie sich an europäischen Erfahrungen orientieren, sie können ihn aber auch verlängern, wenn sie es für einen Ausdruck ihrer Eigenständigkeit halten, ihre Erfahrungen selber zu machen und die Einsichten der europäischen Staatslehre zu verachten. Der demokratischen Revolution steht in Afrika kein einfacher und geradliniger Weg bevor. Doch ist es die Verantwortung aller vernünftigen Europäer, die sich den Menschen verpflichtet fühlen, insbesondere der Kirchen, die Afrikaner auf diesem Weg zu unterstützen, wo immer das möglich ist.

Der Vorwurf, dies sei eurozentrisch gedacht, kehrt sich gegen seine Urheber: die Meinung, die rechtliche Einbindung des Staates sei für uns sensible Europäer zwar unerläßlich, für die dritte Welt aber entbehrlich, ist eine subtile Form weißen Hochmuts und moralischer Indifferenz gegenüber den andersfarbigen Völkern. Am sonderbarsten klingt dieser Vorwurf aus dem Munde von Marxisten, die ihn verwenden, um ihrerseits den Export ihrer Doktrin in die dritte Welt zu rechtfertigen. Denn der Marxismus ist bekanntlich eine rein europäische Ideologie: Marx stammte aus Trier, Engels aus Wuppertal.

Um die Chance der demokratischen Weltrevolution von ihren Wurzeln her zu verstehen, muß man sich die Natürlichkeit und Universalität des ihr zugrundeliegenden Rechtsgedankens der Unparteilichkeit vergegenwärtigen, die im modernen Territorialstaat allein noch Legitimität zu begründen vermag.

Die Chance von Moral und Vernunft hängt von einer Voraussetzung ab, nämlich von der, daß Kant mit seiner Analyse des Rechtsprinzips recht hat. Er hat dann recht, wenn auch der Rechtsbrecher im Grunde selber weiß, daß es Unrecht ist, andere Menschen und Staaten bloß als Mittel zu eigenen Zwecken zu benutzen, sie nötigender Willkür zu unterwerfen. Die Frage ist: Wissen es auch die Despoten und Hegemonialmächte, die die Menschenrechte und das Völkerrecht nicht achten?

Offenkundig haben sie ein leidenschaftliches Interesse daran, daß ihre Rechtsverachtung wenn möglich nicht bekannt werde, weder die Tatsachen ihres Handelns im Innern und Äußern noch die Unmöglichkeit ihrer Rechtfertigung. Wenigstens in dieser Verheimlichungstendenz huldigen sie dem Rechtsprinzip. Auch sie wissen, was Kant mit seiner »transzendentalen Formel des öffentlichen Rechts« so ausgedrückt hat: »Alle auf das Recht anderer Menschen bezogene Handlungen, deren Maxime sich nicht mit der Publizität verträgt, sind unrecht.«[1]

Selbst in der Unterdrückung der geistigen Freiheit liegt noch eine Huldigung an das Rechtsprinzip, nämlich die heimliche Anerkennung, daß die Machthaber die geistige Freiheit zu fürchten haben, weil sie dazu führte, daß Unrecht öffentlich zur Sprache käme, daß also das ganze ideologische Legitimierungssystem zusammenbräche.

Die Natürlichkeit des Rechtsprinzips offenbart sich aber auch sonst in verschiedener Weise. So haben etwa die sozialistischen Staaten ihre ursprüngliche Zurückweisung der Menschenrechte als bürgerliche, idealistische Idee aufgegeben und versuchen statt

---

1 Kant, Zum ewigen Frieden, XI, S. 245. Zur Publizität als Prinzip der Vermittlung von Politik und Moral bei Kant vgl. Jürgen Habermas, in: Zwi Batscha (Hrsg.), Materialien zu Kants Rechtsphilosophie, 1976, S. 175 ff.

dessen, sie zu pervertieren und für ihre propagandistischen Zwecke nutzbar zu machen.[1] Auch die empörten Hinweise auf Unrecht im Westen, etwa in Lateinamerika, enthüllen – je berechtigter, desto mehr –, daß man durchaus weiß, was Recht und Unrecht ist. Wer zum Beispiel meint, die Amerikaner hätten kein Recht, Mittelamerika als ihren »Hinterhof« anzusehen, weiß offenkundig erst recht, daß die Sowjetunion kein Recht hat, ganz Osteuropa militärisch besetzt und unter der Zwangsherrschaft von Quisling-Regimen zu halten. Wer sich über Menschenrechtsverletzungen der Militärdiktaturen empört, kennt die Menschenrechte und weiß also die Nichtachtung der Menschenrechtspakte oder des Helsinki-Abkommens im Ostblock zu beurteilen. Daß seine Entrüstung mit zweierlei Maß mißt, läßt sich dann nur psychologisch erklären, etwa damit, daß sich die Äußerungen seines moralischen Urteils den Machtverhältnissen und ihren Entwicklungstendenzen geschmeidig anpassen.[2]

Wie unentbehrlich das Kantische Rechtsprinzip geworden ist, um Herrschaft zu rechtfertigen, zeigt sich am eindrucksvollsten darin, daß sich selbst noch der Marxismus-Leninismus aus dem Rechtsprinzip legitimieren muß: Sein totaler und globaler Sieg soll die Voraussetzung für das Absterben des Staates schaffen, so daß alsdann Freiheit und Gleichheit der Menschen und Völker – also das Rechtsprinzip – ohne Staat bestehen können.[3] Jeder weiß, daß daraus nichts werden kann. Und dennoch muß die offizielle Propaganda eisern daran festhalten. Denn eine Staatsgewalt kann sich heute nun einmal nicht mehr anders legitimieren als durch das Rechtsprinzip. Und legitimiert sie sich nicht, indem sie es achtet, so damit, daß ihre Mißachtung dem Fernziel diene, die allgemeine Achtung des Rechtsprinzips herbeizuführen.

Auch wenn das Rechtsgefühl entwicklungs- und differenzierungsfähig ist, so ist es doch als Anlage dem Menschen natürlich

---

1 Vgl. oben, S. 56
2 Ders., Das Recht der Macht. Die normative Kraft des Faktischen und der Friede. Kontinent 1983, Heft 3, S. 7 ff., vgl. auch oben S. 90 ff.
3 Vgl. oben S. 64 ff.

und besitzt einen Kern, der allen Menschen auf allen Kontinenten und allen Kulturstufen gemeinsam ist und universale Gültigkeit beansprucht. Fragen wir positiv, was Gerechtigkeit ist, so geraten wir in den Streit verschiedener Konzeptionen – und daraus schließen manche, die Frage lasse sich nur relativ und subjektiv beantworten. Fragen wir aber negativ, was jedenfalls ungerecht ist, so finden wir schnell einen gemeinsamen Nenner, der sich nicht ernsthaft in Frage stellen läßt: zum Beispiel jemand für eine Tat bestrafen, die er gar nicht begangen hat, um den wahren Täter zu entlasten, oder jemand zu einer Leistung zugunsten eines anderen zu zwingen – ohne anderen Grund als den, daß der andere einen Vorteil erlange.[1]

Daß die Unparteilichkeit den Kern einer universal verbreiteten Rechtsidee ausmacht, wird evident, wenn etwa bei einem internationalen Fußballspiel der Schiedsrichter aus Voreingenommenheit für eine Seite offenkundig falsche Entscheidungen trifft: in der Entrüstung werden Asiaten, Afrikaner, Amerikaner, Ost- und Westeuropäer zusammenstimmen. Der Sport ist das populäre Training des Rechtsgedankens: die Spielregeln bilden die Rechtsnormen, die für die beteiligten Parteien unparteilich vorgegeben sind und allen gleiche Chancen einräumen. Die schiedsrichterliche Entscheidung bildet den Rechtsspruch, ihre Verbindlichkeit – auch im Falle eines Irrtums – entspricht der Rechtskraft.

22 Die Waage der Gerechtigkeit

Die Idee der Unparteilichkeit wird seit alters her allegorisiert durch die Justitia, die in einer Hand eine Waage, in der anderen ein Schwert hält und deren Augen verbunden sind.[2] Wenn wir uns in dieses Bild versenken, so lasssen sich folgende Betrachtungen anknüpfen:

1. In diesem Bild kommt zunächst zum Ausdruck, daß ein

---

1 Vgl. hierzu des näheren: M. Kriele, Kriterien der Gerechtigkeit, 1963.
2 Siehe hierzu Otto Rudolf Kissel, Die Justitia. Reflexionen über ein Symbol und seine Darstellung in der bildenden Kunst, München 1984.

dritter Unbeteiligter zwei Rechtspositionen wägt, die auf den beiden Waagschalen zu denken sind. Man geht also aus von dem Modell eines Gerichtsverfahrens, in dem vor einem Richter zwei Parteien auftreten, Kläger und Beklagter oder Ankläger und Angeklagter. Die Argumente, die beide Seiten vorzutragen haben, werden gewogen. Dieses Bild läßt sich auf die Situation dessen übertragen, der für sich allein mit sich zu Rate geht, um sich über die Gerechtigkeit seines Tuns ein Urteil zu bilden oder auch über die Gerechtigkeit des Tuns anderer. Er führt dann gewissermaßen einen Prozeß in sich selbst, in dem er im forum internum die Gesichtspunkte für und wider sammelt und abwägt.

Ein unentwickeltes Rechtsgefühl zeigt sich in einer Geringschätzung des gerichtlichen Verfahrens. Fritz Teufel antwortete auf die Aufforderung des Richters, sich zu erheben: »Wenn es der Wahrheitsfindung dient.« Alle Welt lachte über diese Eulenspiegelei, die sichtbar machen sollte, daß das Aufstehen zur Wahrheitsfindung nichts beitragen könne, sondern nur dem Autoritätsbedürfnis des Richters diene. Indessen gilt die Respektbezeugung nicht der Person des Richters, sondern seinem Amt und damit der es tragenden Institution, dem Gericht und dem Gerichtsverfahren. In der Respektbezeugung kommt also eine Anerkennung des Verfahrens zum Ausdruck, das tatsächlich der Wahrheitsfindung dient. In der Respektverweigerung hingegen kommt zum Ausdruck, daß man die Verfahrensbedingungen der Wahrheitsfindung entweder allgemein nicht einsieht oder für sich selbst nicht gelten lassen will. – Gleiches gilt, wenn man die Verfahrensregeln der Demokratie nicht anerkennt, da die Demokratie letztlich auf dem Gedanken der Übertragung des gerichtlichen Prozesses auf den politischen Prozeß beruht.[1]

2. Die Waage muß sich, um richtig zu wiegen, vor Beginn des Wägens in der Balance befinden. Das setzt ihre vollkommene Ruhelage voraus. Solange man engagiert ist und vorwärts stürmt oder im Abwehrkampfe ficht, kann man nicht zugleich wägen,

---

1 Diesen Gesichtspunkt hat der Verfasser näher ausgeführt in: Das demokratische Prinzip im Grundgesetz, Veröffentlichungen der Vereinigung der deutschen Staatsrechtslehrer 29, Berlin 1971, abgedruckt in: Legitimitätsprobleme der Bundesrepublik, München 1977, S. 17 ff.

weder seine eigene Handlungsweise noch die der anderen. »Der Handelnde ist immer gewissenlos; es hat niemand Gewissen als der Betrachtende« (Goethe)[1]: denn solange er in Bewegung ist, schwingt die Waage in seiner Hand. Um sie zur Ruhe zu bringen, muß er zunächst still stehen, also sich besinnen. Er kann dies vor der Handlung tun oder nachher oder in Zeiten der Unterbrechung der Handlung. Vollkommen unparteiliche Abwägung hat meditativen Charakter. Sie setzt voraus, daß man allen Eifer oder gar Fanatismus in sich zum Schweigen bringt, alles bedingungslose Mitlaufen mit Parteien und »Bewegungen«, alles Engagement »ohne Wenn und Aber«. Denn das gerechte Wägen setzt die Wachheit des individuellen Gewissens voraus und deshalb die Fähigkeit zum Rückzug in Einsamkeit und Ruhe, in der allein man mit sich zu Rate gehen und wägen kann. Wer die Gerechtigkeit aus der Welt vertreiben will, muß vor allem die Möglichkeiten zu Ruhe und Einsamkeit aus der Welt verbannen. Der vollkommen gerechte, ideale Richter wird nicht urteilen, solange er nicht die Erregungen des Zorns, der Antipathie, des Vergeltungsdranges, der Identifikation mit der einen oder anderen Seite in sich selbst zum Schweigen gebracht hat. Das Gericht zieht sich unter anderem auch aus diesem Grunde zur Beratung zurück.

3. Die Augen der Justitia sind verbunden: Der Urteilende sieht nicht, wer beteiligt ist, ob er ihm nahe- oder fernesteht, sondern wägt »ohne Ansehen der Person« nur den Sachgehalt der Argumente, die auf die eine und die andere Waagschale gelegt werden. Wer den Prozeß gewinnt, hängt ausschließlich von den Umständen des Falles und vom Gewicht der Argumente ab. Wäre der Kläger zufällig in der Position des Beklagten und der Beklagte zufällig in der Position des Klägers, dann fiele die Entscheidung nicht anders aus. Zur Idee des unparteilichen Abwägens mit verbundenen Augen gehören also Reziprozität und Universalisierbarkeit.[2] Die Entscheidung orientiert sich im Ide-

---

1 Goethe, Maximen und Reflexionen, Artemis-Ausgabe, 3. Aufl., Zürich u. Stuttgart 1962, S. 522.
2 Zum Zusammenhang von Unparteilichkeit, Reziprozität und Universalisierbarkeit: Kriele, Recht und praktische Vernunft, Göttingen 1979, S. 49–62.

alfall an unparteilichen Maximen, nämlich an Maximen, von denen man wollen kann, daß sie zur allgemeinen Maxime werden: in dieser Formel Kants ist der in der Allegorie enthaltene Grundgedanke unparteilicher Abwägung und Reziprozität am treffendsten ausgedrückt. Daraus folgt zugleich die Idee der Freiheit, denn eine Maxime, derzufolge die Freiheit mehr beeinträchtigt werden darf als um der Gerechtigkeit willen erforderlich, kann man nicht als eine allgemein geltende Maxime wollen.

Eine Leitidee des Fortschritts der Rechtsgeschichte ist die Ausweitung des Kreises der Beteiligten, die auf Gerechtigkeit Anspruch haben, solange bis dieser Kreis universal geworden ist und alle Menschen gleichermaßen umfaßt: Jeder hat gleichen Anspruch auf Freiheit und Würde.[1] Auch dieser Grundsatz ist nur die logische Konsequenz unparteilicher Abwägung. Denn wenn man Barbaren, Heiden, Indianer, Schwarze, Juden, Polen, Frauen und andere von diesem Anspruch ausnimmt, so erfolgt die Abwägung nicht »ohne Ansehen der Person«: Justitia müßte die Augenbinde lüften, um zum Beispiel die Hautfarbe zu erkennen.

Das Verständnis für Unparteilichkeit setzt voraus, daß man sich selbst nicht mehr zubilligt als jedem anderen auch. Im Alltagsleben aber ist jeder zunächst einmal für sich selbst der Mittelpunkt seines Lebenskreises. Was seine Interessen, Meinungen, Freunde, Engagements betrifft, erscheint ihm in optischer Täuschung viel größer, als es im Weltzusammenhang tatsächlich ist. Wir können uns der natürlichen Versuchung zur Parteilichkeit immer nur durch einen bewußten Akt der Selbstdisziplinierung entziehen, und dieser Versuch gelingt meist nur unvollständig.

Deshalb fällt es schwer, die Gründe eines Prozesses, den man verloren hat, zu verstehen und möglicherweise zu akzeptieren. Diese Unfähigkeit kann sich bis zur Absolutheit steigern, wie beim Querulanten. Es kann auch geschehen, daß das Urteil tat-

---

1 Über die politischen Implikationen dieses Grundsatzes vgl. des Verfassers »Befreiung und politische Aufklärung, Plädoyer für die Würde des Menschen«, Freiburg 1980, 2. Aufl. 1986.

sächlich ungerecht ist, daß es aber rechtskräftig geworden ist. Solange man nicht selbst betroffen ist, versteht man gut, daß Prozesse letztlich rechtskräftig entschieden werden müssen und daß die Rechtskraft auch für den Fall gilt, daß das Urteil inhaltlich nicht gerecht ist. Aber dieses Verständnis endet oft, wenn man selbst betroffen ist. Einen Extremfall schildert uns Kleist in »Michael Kohlhaas«: dieser kämpfte nicht für ein vermeintliches, sondern ein wirkliches Recht und setzte die ganze Stadt Wittenberg in Flammen, weil er sich nicht damit abfinden konnte, daß es ihm vorenthalten wurde.

Die parteilichen Verzerrungen des Rechtsgefühls sind unvermeidlich im politischen Parteienkampf. Hier geht es nicht nur um das Recht-Haben und Recht-Bekommen, sondern auch um Gewinnung oder Verlust von Macht und Einfluß und damit verbunden um weiterreichende politische Hoffnungen oder die Furcht vor Enttäuschungen und Rückschlägen. Im parlamentarischen Prozeß sind die Abgeordneten gewissermaßen Parteianwälte und Richter zugleich.[1] Das Grundgesetz hält der Tendenz zur Parteilichkeit das Amtsethos der Repräsentation entgegen: die Abgeordneten sind Vertreter des ganzen Volkes und nur ihrem Gewissen unterworfen. Auch wenn eine Überwindung der Parteilichkeit unmöglich ist, so kann doch der ethische Anspruch, der hierin zum Ausdruck kommt, eine gewisse Mäßigung herbeiführen, zumal wenn die Medien der öffentlichen Meinung auf grobe Verletzungen mit Entrüstung reagieren.

4. Zur gerechten Abwägung gehört aber nicht nur die Anwendung eines unparteilichen Maßstabs, sondern auch die sowohl wahrheitsgemäße als auch vollständige Erfassung der nach diesem Maßstab relevanten Tatsachen. Die Irreführung des Richters durch Lügen oder Verschweigen ist zu allen Zeiten als Quelle ungerechter Urteile angesehen worden. Falsche Zeugenaussage oder gar Meineid galten deshalb stets als schwerer Frevel.

Das Rechtsgefühl kann, auch wenn es an sich intakt ist, irregeführt werden durch falsche Annahmen oder unvollständiges Wissen. Man sagt dann zum Beispiel: »Mein Rechtsgefühl sagt

---

1 Eingehender: M. Kriele, Das demokratische Prinzip im Grundgesetz, a. a. O.

mir, daß der Angeklagte ganz klar der Täter ist«, korrigiert dies aber, wenn man erfährt, daß die Beweisführung doch recht zweifelhaft ist oder daß man rechtfertigende oder entschuldigende Tatsachen nicht gekannt oder außer Acht gelassen hat. Eine unendliche Zahl von politischen Irrtümern beruht auf mangelhaftem Wissen. Dieses mangelhafte Wissen kann auf mangelhaftem Wissenwollen beruhen oder auf einer unbewußt bleibenden selektiven Wahrnehmung: es ist dann die zwangsläufige Folge des Eiferns und der Parteilichkeit.

5. Das Schwert schließlich symbolisiert den Rechtswillen, also den Willen, daß das Ergebnis des gerechten Urteils in der Wirklichkeit durchgesetzt werde. Wie es Blaise Pascal ausgedrückt hat: »Also muß man das Recht und die Macht verbinden; und dafür Sorge tragen, daß das, was Recht ist, mächtig und das, was mächtig ist, gerecht sei.«[1]

23 Die Bildung des Rechtsgefühls am Rechtswissen

Erwin Riezler[2] unterschied einen »dreifachen Sinn des Rechtsgefühls«:

1. Gefühl für das, was Recht ist: Fähigkeit zu intuitiver Erfassung und richtiger Anwendung des geltenden Rechts;

2. Gefühl für das, was Recht sein soll: gefühlsmäßige Neigung zum Rechtsideal;

3. Gefühl dafür, daß nur das dem Recht Entsprechende geschehen soll: Achtung vor der bestehenden Rechtsordnung.

Wenn man den Menschen in Denken, Fühlen und Wollen gliedert, dann handelt es sich genau gesehen nicht um drei Arten des Fühlens. Vielmehr hat das Erstgenannte seinen schwerpunktmäßigen Ort im Bereich des Denkens, nämlich in der intuitiven Vergegenwärtigung des positiven Rechts angesichts eines zu lö-

---

1 Blaise Pascal (1623–1662), Pensées (Über die Religion und über einige andere Gegenstände), übertragen und herausgegeben von Ewals Wasmuth, Tübingen 1948, S. 153.
2 Erwin Riezler, Das Rechtsgefühl. Rechtspsychologische Betrachtungen, 3. Aufl., München 1969.

senden Rechtsproblems. Dies beruht auf dem Erinnern des verstandesmäßig Gewußten. Nur das zweite hat seinen Ort im Fühlen, nämlich in der moralischen Beurteilung des positiven Rechts unter dem Gesichtspunkt der Gerechtigkeit. Das dritte hat seinen Ort im Bereich des Willens: Es geht darum, ob und inwieweit die Bürger die Geltung des positiven Rechts (und damit die Stabilität des Staates, der es garantiert) wollen, also um die Legitimität der Rechtsordnung. Terminologisch würde man also besser statt vom »dreifachen Sinn des Rechtsgefühls« oder von »drei Arten des Rechtsgefühls« von Rechtswissen, Rechtsgefühl und Rechtswillen sprechen. Der Begriff »Rechtsgefühl« bliebe dann der moralischen Urteilsfähigkeit vorbehalten, also dem, was Riezler als Gefühl für das Gesollte, als Neigung zum Rechtsideal kennzeichnete.

Das Rechtsgefühl der Unparteilichkeit bildet sich, wie vor allem Piaget[1] gezeigt hat, beim Kinde aus der Erfahrung im Spiel, in der Familie, in der Schule. Das Kind erwartet vom Vater Unparteilichkeit, wenn er den Streit der Geschwister entscheidet, vom Lehrer einen gleichen Maßstab in der Notengebung und bei Ordnungsstrafen. Die entsprechende Erwartung richtet später der Lehrling an den Meister, der Angestellte an den Vorgesetzten, und alle richten ihn schließlich im großen an den Staat und sein Recht.

Damit das Rechtsgefühl zu seiner vollen Reife kommt, muß es sich am Rechtswissen bilden, also über den individuellen Erfahrungshorizont hinauswachsen und das öffentliche Rechtsleben mindestens in Grundzügen erfassen und verstehen, nicht, um sich vor der Macht des Positiven zu neigen, sondern um sich an der im positiven Recht enthaltenen Gerechtigkeit zu schulen. Denn die Idee der abwägenden Gerechtigkeit ohne Ansehen der Person ist alt und hat in einem langsamen, mühsamen, viele Hindernisse und Rückschläge überwindenden Prozeß Einfluß auf die Entwicklung und Umgestaltung des Rechts genommen. Sie ist in die dem positiven Rechte innewohnenden »Wertvorstellungen« eingeflossen. Insofern das der Fall ist, kann man die Fähigkeit zur gerechten Beurteilung von Rechtsproblemen durch

---

1 Jean Piaget, Das moralische Urteil beim Kind, 1986.

das Studium des positiv vorgegebenen Rechts gewinnen und ausdifferenzieren.

Das so gereifte und geschulte Rechtsgefühl vermag alsdann das positive Recht auch kritisch zu beurteilen und zu reformieren. Die Rechtskultur entsteht im Laufe der Jahrhunderte aus diesem Wechselspiel von Rechtsgefühl und Rechtswissen und ermöglicht die schrittweise Inkarnation von Gerechtigkeit im Recht. Die volle Ausbildung des Rechtsgefühls ist also um so leichter, je höher der Standard der Rechtskultur, in der man lebt, bereits ist.

Ein prozessuales Beweisverfahren zum Beispiel, das für den Beweis Geständnis oder zwei Zeugen erforderte und den Beweis auch erbracht sah, wenn das Geständnis durch Folter erzwungen war, hält den Vergleich mit der modernen Strafprozeßordnung nicht aus. Wer einmal wirklich verstanden hat, welchen Wert die Regeln des Strafprozesses für die Sicherung der menschlichen Freiheit, welchen Wert der Schutz der geistigen Freiheit für die Möglichkeiten von Wahrheit und Vernunft, welchen Wert freie Wahlen für die Selbstbestimmung des Volkes haben, der hat Einsichten gewonnen, hinter die er dann nicht mehr zurückkann.

Sein Rechtswille identifiziert sich dann zwar mit dem positiv geltenden Recht einer freiheitlichen und rechtsstaatlichen Ordnung, dies aber nicht, weil sie als positive Ordnung vorgegeben ist, sondern eben weil sie freiheitlich und rechtsstaatlich ist. Denn dann hat die Kenntnis des positiven Rechts Einblicke in die ihm zugrundeliegenden sittlichen Prinzipien vermittelt, und zwar viel tiefere und umfassendere Einblicke, als sie der individuelle Erfahrungshorizont zuließe. Man hätte das freiheitliche und rechtsstaatliche Recht aus seiner Subjektivität heraus nicht entwerfen können. Indem man es aber als positiv vorgegebene Ordnung kennengelernt hat, macht man sich Einsichten zu eigen und zunutze, die in zahllosen Generationen durch Erfahrung im Kampf ums Recht erworben worden sind und sich im Recht niedergeschlagen haben. Indem man sie im Recht wiederfindet, gewinnt das Rechtsgefühl einen Grad von Reife, den das auf den subjektiven Erfahrungshorizont des Individuums zusammengeschnurrte Rechtsgefühl niemals erlangen kann. Das Rechtsgefühl vermag den positiven Wert des Erreichten erst zu ermessen, wenn es das Erreichte verstanden und in seine Einsicht aufgenommen hat. Dann allerdings vermag es auch über die positive Ordnung hinauszuwachsen, wohlbegründete Kritik am positiven Recht zu üben und Vorschläge zu seiner Änderung und Ergänzung zu machen, die wirklichen Fortschritt in der Gerechtigkeit ermöglichen.

Die Bejahung des positiven Rechts durch ein am positiven Recht selbst entwickeltes Rechtsgefühl schließt also Distanz und Kritik im einzelnen nicht aus, sie führt nur zu einer Identifikation mit dem positiven Recht im großen und ganzen, also zur Legitimität der freiheitlichen und rechtsstaatlichen Ordnung. Auf diese Weise wird der Mensch unanfällig für Servilität gegenüber dem positiven Recht eines Unrechtssystems. Er erkennt in ihm anstelle der auf Gleichberechtigung beruhenden Verfahren den Durchsetzungswillen einer Seite, anstelle des Wägens aus der Ruhelage heraus die Leidenschaft des Machtwillens, anstelle des Urteils ohne Ansehen der Person die Parteilichkeit, anstelle der Wahrheitssuche die Dogmatisierung irriger Ideologien. Er kann deshalb mit Blick auf ein solches System keinen Rechtswillen entwickeln, allenfalls den Rechtswillen auf diejenigen Teile der selbst in den Unrechtssystemen noch geltenden Rechtsgesetze beschränken, die auch vor einem entwickelten moralischen Rechtsgefühl Bestand haben.

Unmöglich aber kann er den Unterschied zwischen freiheitlichen, rechtsstaatlichen Ordnungen und Unrechtssystemen für einen relativen Unterschied zwischen im Prinzip moralisch gleichwertigen Systemen halten. Vielmehr erscheint ihm ein solcher Relativismus nur begreiflich aus der Froschperspektive eines unentwickelt gebliebenen Rechtsgefühls.

24 Die Universalität der Menschenrechte

Es gibt allerdings die Meinung, die Rechtsidee sei keine universale und dem Menschen natürliche, sondern eine abendländische Idee, und folglich seien Menschenrechte gar nicht Rechte des Menschen, sondern Rechte der Europäer und Amerikaner. Diese Meinung hat die Parole zur Konsequenz: Demokratie für

Europa und Nordamerika, Despotie für die dritte Welt.[1] Denn nur wenn die Menschenrechte wirklich Rechte aller Menschen sind, kann die demokratische Revolution ihren Anspruch behaupten, zur Weltrevolution zu werden.

Die eigentümliche, aber weitverbreitete Annahme, die sogenannten Menschenrechte seien in Wirklichkeit nur Rechte der Europäer und Nordamerikaner, hat einen gewissen Anschein der Berechtigung darin, daß die naturrechtliche Theorie der Menschenrechte aus europäischen Denkvoraussetzungen entstanden ist. Daraus wird die Schlußfolgerung abgeleitet, andere Völker hätten weder den Wunsch nach ihnen noch Verständnis für sie. Infolgedessen bedürften sie auch nicht der verfassungsrechtlichen Institutionen, die ihre Verwirklichung ermöglichen: der Gewaltenteilung und der Demokratie.

Eine Begründung für diese These verdanken wir dem verstorbenen Heidelberger Philosophen und Leiter der Sozialforschungsstelle der Evangelischen Kirche Deutschlands, Georg Picht. Seine Gedankenführung scheint besonders charakteristisch für eine vor allem in protestantischen Kreisen weitverbreitete Denkweise zu sein. Er faßt seine Begründung in drei Argumenten zusammen:[2]

1. Durch die Kodifizierung als Grundrechte seien die Menschenrechte mit einer bestimmten historischen Form der Staatsverfassung, der westlichen Demokratie, identifiziert. Eben dadurch hätten sie ihren Anspruch auf absolute Gültigkeit verloren.

2. Weder die unter der Führung der Sowjetunion stehenden sozialistischen Staaten noch die »dritte Welt« anerkennten die Menschenrechte, also sei die Idee, es gebe Normen mit universalem Gültigkeitsanspruch, eine Hohlform, die sich mit beliebigem Inhalt auffüllen lasse.

Nach Pichts erstem Argument verlieren also die Menschen-

1 Kritisch hierzu: Ludger Kühnhardt, Die Universalität der Menschenrechte, Habil., Bonn 1986, erscheint 1987.
2 Georg Picht, Zum geistesgeschichtlichen Hintergrund der Lehre von den Menschenrechten, in: Hier und jetzt, Bd. I, Stuttgart 1980, S. 116 ff., zuerst erschienen in: Festschrift für Eberhard Menzel, 1975, S. 289 ff.

rechte ihren Gültigkeitsanspruch, weil sie in die demokratischen Staatsverfassungen eingegangen sind, nach seinem zweiten, weil sie in andere noch nicht eingegangen sind. Beide Argumente sind letztlich rechtspositivistischer Natur und verfehlen die naturrechtliche Dynamik, die daraus resultiert, daß das Ideale die Tendenz hat, wirklich zu werden, zum Beispiel das positive Recht allmählich der Gerechtigkeit anzunähern. Die Aufklärer lebten in einer Welt absoluter Monarchien und machten den revolutionären Gültigkeitsanspruch der Menschenrechte nicht von seiner Anerkennung durch den Machthaber abhängig. Im Gegenteil: Nach der Lehre der politischen Aufklärung besteht der Anspruch der Menschenrechte gerade darin, aus der Sphäre des bloß moralisch Gesollten in juristisch gewährleistetes und gerichtlich einklagbares Recht überzugehen. Da sie nur in einem gewaltenteilenden demokratischen Verfassungsstaat wirksam werden, erstreckt sich ihr Anspruch in der Tat auf die demokratische Revolution. Ebensowenig wie die Aufklärer des 18. Jahrhunderts haben wir Heutigen Anlaß, diesen Gültigkeitsanspruch davon abhängig zu machen, ob die Regierungen der Sowjetunion und anderer Despotien ihn von sich aus anerkennen.

3. Pichts entscheidendes Argument aber lautet: die Menschenrechte hätten die europäische Metaphysik zur Grundlage und Voraussetzung. Diese könne auf keinen universalen Konsens rechnen, ja in Europa selbst sei die Metaphysik zusammengebrochen. Dies ist ein weittragendes und vielgestaltiges Argument.

Zunächst ist die aufklärerische Frage nach den Bedingungen des friedlichen und freundlichen Zusammenlebens keineswegs eine metaphysische, sondern eine rein innerweltlich-rationale Frage. Metaphysische Implikation hat lediglich, wie schon Pufendorf hervorhob, die ergänzende Frage: Woher kommt die Pflicht, diese Bedingungen zum Inhalt unseres Wollens und Handelns zu machen?

Picht meint, die Verpflichtungskraft der Menschenrechte stütze sich »philosophisch auf den ontologischen Gottesbeweis, theologisch auf das Dogma von der Gottebenbildlichkeit des Menschen«. Das ist schon philosophiehistorisch unhaltbar. Derselbe Kant, der den ontologischen Gottesbeweis zerpflückt hatte, hob die Pflicht zur Achtung vor dem Recht des Menschen ins Zentrum der Ethik. Er erkannte der praktischen Vernunft den Primat vor der theoretischen Vernunft zu und folgerte (»postulierte«) die Existenz Gottes aus dem kategorischen Imperativ. Die Verpflichtungskraft der Menschenrechte stützte sich also keineswegs auf den ontologischen Gottesbeweis. Der ontologische Gottesbeweis geht, ob man ihn nun für überzeugend hält oder nicht, auch der Gottesliebe nicht voran, ist nicht seine Bedingung und Voraussetzung, sondern folgt ihr nach und diente stets nur dem Zweck, den Glauben mit der Vernunft zu versöhnen.[1] Ebensowenig geht der Liebe zum Menschen, die der Pflicht zur Achtung vor seinem Recht zugrunde liegt, das »Dogma von der Gottesebenbildlichkeit« voraus, sondern findet in ihm lediglich seine theologische Bestätigung.

Richtig an Pichts Argument ist, daß Kant eine in Europa herrschende Sittlichkeit voraussetzen und zum Ausgang seiner Überlegungen machen konnte, eine Sittlichkeit, die vom Christentum eine entscheidende Prägung erhalten hatte.[2] Deshalb ist die Idee des Rechts des Menschen in der Tat vor allem in den christlich geprägten Völkern lebendig geworden, weniger in den islamisch, hinduistisch oder buddhistisch geprägten. Wenn man aber die Verbindlichkeit der Menschenrechte vom christlichen Einfluß abhängig machen wollte, dann müßte man sie konsequenterweise zumindest den Osteuropäern, den Lateinamerikanern und den christianisierten Völkern Afrikas und Asiens zubilligen und sie nicht auf Europa und Nordamerika beschränken.

Es ist indes eine sehr eigentümliche Vorstellung, daß nur denjenigen Menschen die Menschenrechte zukommen, die diese theoretisch verstehen und selbst beanspruchen. Wenn man aber schon diese Eingrenzung vornimmt, dann sollte man nicht ein-

---

1 Vgl. hierzu Karl Barths Schrift über den ontologischen Gottesbeweis des Anselm von Canterbury, die er als eines seiner Hauptwerke bezeichnete: Fides quaerens intellectum. Anselms Beweis der Existenz Gottes im Zusammenhang seines theologischen Programms, hrsg. v. Eberhard v. Jüngel und Ingolf U. Dalferth, 1980.
2 Eingehender Kriele, Befreiung und politische Aufklärung, a. a. O., § 10, S. 53 ff.

fach dogmatisch behaupten, daß die Menschen außerhalb Europas und Nordamerikas sie nicht beanspruchten, sondern erst einmal die wirklichen Gegebenheiten beobachten. Die – heidnischen – Indianer oder die Buschmänner, die die spanischen, britischen oder burischen Ankömmlinge zunächst gastlich empfingen und mit ihnen Verträge schlossen, waren entsetzt, als sie erfahren mußten, daß sie, als Heiden, gar nicht als Rechtspartner angesehen wurden. Nachdem sie ihren Teil der Verträge erfüllt hatten, wurde ihnen die Gegenleistung vorenthalten, ja sie wurden vertrieben, ausgeplündert und verfolgt. Denn nach damaligem christlichen Selbstverständnis gab es ihnen gegenüber keine verpflichtenden Rechte. Es ist ein Rest eben dieses eurozentrischen Hochmuts, der heute in der Gestalt des Arguments auftaucht, sie hätten keine Menschenrechte, die ihre Herrscher verpflichten könnten. Das sehen sie selbst ganz anders.

Wer auf Reisen in der dritten Welt Gelegenheiten sucht, nicht nur mit Vertretern der jeweiligen politischen Oberschicht und ihrer Propagandisten, sondern soviel wie möglich mit einfachen Menschen zu sprechen, wird die Erfahrung bestätigen: die Menschen leiden unter Unrecht, wie willkürlicher Verhaftung, Bestrafung von Unschuldigen, parteilichem Recht, gebrochenen Verträgen, Ausweisungen, Zwangsumsiedlungen, Kollektivierungen. Sie wissen im Kern, was Menschenrechte sind, auch wenn sie keine Christen sind und nie etwas von europäischer Metaphysik gehört haben. In den tropischen Ländern sind Gefangene in der Regel in völlig leere und sich tagsüber aufheizende Betonzellen eingesperrt. Dieses Schicksal auf unbestimmte Zeit und auf den Verdacht hin erleiden zu müssen, die herrschende Ideologie nicht unterstützt zu haben oder dem falschen Volksstamm anzugehören – darunter leidet ein Schwarzer oder Indianer nicht weniger als ein Europäer.

Erklärt man den Menschen, daß nach unserem Rechtsverständnis niemand eingesperrt werden darf, außer ihm ist in einem ordnungsgemäßen Gerichtsverfahren ein Verbrechen nachgewiesen, so stimmen sie spontan zu. Denn so sagt es ihnen auch ihr Rechtsgefühl. Nicht nur die Idee der Menschenrechte ist in ihnen latent gegenwärtig, sondern auch die der Gesetzesbindung der Staatsgewalt und des unabhängigen Richters, also die der Gewaltenteilung. Erklärt man den Menschen, daß wir eine Regierung, die politisch und ökonomisch versagt, abwählen und es mit einer anderen versuchen können, so leuchten ihre Gesichter auf: das täten sie auch gern, wenn man ihnen den Anspruch darauf nicht versagte.

Die aufklärerische Naturrechtslehre ist nur die theoretische Entfaltung einer Idee, die in den Menschen unmittelbar lebendig wird, sobald sie durch ihre Erfahrung auf das Problem gestoßen werden. Wie muß es auf Menschen wirken, deren Angehörige willkürlich inhaftiert sind und gefoltert werden und die uns um Hilfe ersuchen, wenn man ihnen sagt: »Wir Europäer wissen nicht, ob ihr Menschenrechte habt, denn unsere Metaphysik ist uns zweifelhaft geworden. Wir wissen weder, ob es Gott gibt, noch, wenn es ihn gibt, ob ihr als Gottes Ebenbild gelten dürft. Wenn wir diese Fragen geklärt haben werden und zu einem positiven Ergebnis kommen sollten, werden wir wiederkommen und euch helfen.«

In den Zweifeln an der Universalität der Menschenrechte wegen Zweifeln an ihrer theoretischen Begründbarkeit wird der Primat der praktischen vor der theoretischen Vernunft, den Kant so nachdrücklich hervorhob, umgekehrt. Mißlingt der Versuch einer Theorie der Menschenrechte infolge positivistischer, existentialistischer, sozialistischer oder skeptischer Befangenheit, so sagt das nichts gegen die Verbindlichkeit der Menschenrechte, sondern nur etwas gegen die Theorie; diese begreift dann weder den Menschen noch seine Geschichte, sie bleibt ein rudimentärer Ansatz zum Verständnis der politischen Welt, eine Aufkündigung unserer mitmenschlichen Solidarität. Die Menschenrechte sind unsere Antwort auf den Hilferuf der vom Weltdespotismus gequälten Menschheit, auf den wir in erster Linie durch das praktische Vorantreiben der demokratischen Weltrevolution angemessen antworten. Was Picht dem entgegensetzt, ist einstweilige Passivität aus metaphysischer Resignation. Die Konzepte der Menschenrechte, sagt er, könnten »offensichtlich« nicht mehr genügen: »Die Wiederentdeckung der Humanität kann nur in Dimensionen erfolgen, die unserer gegenwärtigen Mentalität verschlossen sind.« Einstweilen also sehen wir zu, wie die Menschen gequält werden und wie weit es ihre Herrscher noch zu treiben belieben. Wir fügen ihrem Leiden noch das Bewußtsein der Verlassenheit hinzu. Für uns sensible Europäer und Nordamerikaner freilich wollen wir dasselbe nicht gelten lassen: Für uns erheben wir den Anspruch auf Gültigkeit der Menschenrechte, auch ohne daß wir uns ihrer angeblichen metaphysischen und theologischen Begründung theoretisch vergewissert haben. In diesem eurozentrischen Hochmut offenbart sich die zeitgenössische Form des weißen Rassismus.

Kapitel 6
Chancenvergleich zwischen Ost und West

25 Die sanfte Kraft der Wahrheit

Manch einer meint, sich der Verführungskraft der pervertierten Fortschrittsidee durch die sozialistische Gegenrevolution nur dadurch entziehen zu können, daß er den Gedanken an die Möglichkeit eines Fortschritts überhaupt aufgibt, auch des Fortschritts im innerstaatlichen und internationalen Recht. Damit aber verliert man Mut und Tatkraft, sich für diesen Fortschritt einzusetzen. Ehe wir in lähmende Resignation verfallen, sollten wir versuchen, die Chancen des rechtlichen Fortschritts langfristig einzuschätzen.

Propaganda und Gewalt sind freilich sehr wirksame Mittel, zumal wenn ihnen die Instrumente moderner Technik zur Verfügung stehen. Sie vermögen einen Totalitarismus auf lange Zeit irreversibel und uns oft mutlos zu machen. Indes geht Pessimismus im allgemeinen aus der Enttäuschung eines übertriebenen Optimismus hervor. Immanuel Kant meinte, der Zukunftspessimismus komme daher, daß das Menschengeschlecht, »wenn es auf einer höheren Stufe der Moralität steht, es noch weiter vor sich sieht, und sein Urteil über das, was man ist, in Vergleichung mit dem, was man sein sollte, mithin unser Selbsttadel um so strenger wird, je mehr Stufen der Sittlichkeit wir im Ganzen des uns bekannt gewordenen Weltlaufs schon erstiegen haben«.[1]

Moral und Vernunft in unserem Rechtsleben sind uns schon so sehr zur Selbstverständlichkeit und Lebensluft geworden, daß wir überall bei uns und in der Welt ihr Fehlen, ihre Unvollständigkeit, die ihnen entgegenwirkenden Kräfte bemerken. Es ist

---

1 Kant, Über den Gemeinspruch..., XI, S. 168 f.

erhellend, wenn man statt dessen einmal die gegenteilige Perspektive einnimmt und sich statt über das Fehlen von Moral und Vernunft darüber wundert, wieviel Moral und Vernunft in unserem Rechtsleben schon wirklich geworden sind. Wie erstaunlich dies ist, drängt sich mit jedem Blick in die Geschichte auf: Die Willkür antiker Despotien, die Sklaverei, das Fehlen jeglichen Völkerrechts, die Gladiatorenspiele, die grausamen Körperstrafen, die primitiven Prozeßregeln, das Fehdesystem, der Absolutismus, die Hexenverfolgungen, die Leibeigenschaft, der Kolonialimperialismus: all dies ist verschwunden. Es gibt im 20. Jahrhundert zwar Rückfälle in die Barbarei, die wir aber eben als *Rückfall* hinter einen schon erreichten Stand der Rechtskultur erleben. Eine Befreiung aus der Barbarei früherer Zeiten hätten die jeweiligen Zeitgenossen schwerlich für möglich gehalten. Was sie erlebten, war die ungehemmte Macht von Propaganda und Gewalt, deren Instrumente in den Zeiten der Despotie, der Sklaverei, der Galeere, der Tortur nicht weniger furchterregend waren als die heutigen.

Wenn sich die Stimme der Vernunft und Moral überhaupt irgendwo erhob, dann leise, einsam und scheinbar wirkungslos – und meist noch rigoros zum Schweigen gebracht. Sokrates wurde hingerichtet, Cicero ermordet, Christus gekreuzigt, seine Missionare wurden zu Tode gemartert, die Ketzer verbrannt, Galilei wurde zum Widerruf gezwungen, Hugo Grotius konnte sich der lebenslangen Gefängnisstrafe nur durch die Flucht aus Holland entziehen, Graf Spee wurde zwangsversetzt, Kant gemaßregelt, Sophie Scholl geköpft, Solschenizyn exiliert, Bukowski psychiatrisiert, Sacharow verbannt, Kardinal Obando seiner engsten Mitarbeiter beraubt – um nur einige exemplarische Beispiele für die Ohnmacht von Vernunft und Moral zu nennen.

So gesehen, sollten wir uns weniger darüber wundern, daß »erst« ein Drittel der Staaten der Welt den Rechtszustand gewährleistet, als vielmehr darüber, daß es »schon« ein Drittel ist. Wie ist das in einer Welt der Propaganda und Gewalt möglich geworden? Wie konnte die leise und einsame Stimme der Vernunft und Moral eine so gewaltige weltgeschichtliche Kraft entfalten?

Das Geheimnis dieser verwandelnden Kraft liegt in der sanften, aber langfristigen Tiefenwirkung der Wahrheit, die auf einem Überschuß an Überzeugungskraft beruht. Wo sie dem Menschen einmal »eingeleuchtet« hat, beginnt sie sich in einem langsamen inneren Erkenntnisprozeß zum vollen Bewußtsein durchzuarbeiten; wo sie einmal bewußt erkannt ist, ist sie nicht ohne weiteres wieder verlierbar; wo sie einmal Fuß gefaßt hat, beginnt sie sich auszubreiten.

Wir durchlaufen einen ständigen Prozeß des Lernens. Man kann zwar das Gelernte vergessen, im großen und ganzen aber lernt man immer mehr hinzu. Jeder von uns macht folgende Erfahrung: man diskutiert, vertritt eine Meinung, bestreitet eine gegnerische Position und geht auseinander, ohne sich überzeugt zu haben. Monate später trägt ein anderer die Meinung vor, die man damals vertreten hat, und jetzt widerspricht man ihr und entdeckt, daß einiges an den gegnerischen Argumenten doch eingeleuchtet oder zumindest Zweifel an der eigenen Position geweckt hat. Der intellektuelle Reifungsprozeß entwickelt sich in immer neuen dialektischen Auseinandersetzungen. Ein erwachsener Mensch hat sich meist von den Positionen entfernt, die er in seiner Jugend verfochten hat. Der Mensch wird im Normalfall erfahrener, reifer, vernünftiger, in seltenen Idealfällen sogar weise. Und wie im Individuellen, so entwickeln sich auch die Rechtsinstitutionen, die Parteiprogramme, die Soziallehren der Kirchen fort: Irrtümer werden eingesehen, Erfahrungen verarbeitet, übersehene Probleme einbezogen, neu auftauchende bedacht.

Der individuelle Reifungsprozeß muß zwar im Wechsel der Generationen immer von vorn begonnen werden, nicht aber der Prozeß des Reifens der Institutionen, z. B. der Verfassung, des Strafprozeßrechts. Was sich in ihnen an Erfahrungsweisheit niedergeschlagen hat, vermag sich auch über den Wechsel der Generationen hinweg zu erhalten. Man muß diese Institutionen nur bewahren und auf ihnen weiterbauen. Das Wachstum der Vernunft im individuellen Menschen und in den Institutionen ist das Normale und Gesunde. Wie aber in der Natur Krankheiten, Erdbeben, Überflutungen, Vulkanausbrüche das Normale und Gesunde immer wieder zurückwerfen – ohne es freilich ganz zu zerstören –, so im Geistigen die Eruptionen des Irrationalen, der Verblendung, der Verwirrung, des Hasses, des Fanatismus, der Ideologiebildung. Diese Eruptionen vermögen sowohl den individuellen als auch den institutionellen Wachstumsprozeß zu stören, zu hemmen, zurückzuwerfen.

Diejenigen Menschen, die sich in den Dienst dieser Eruptionen stellen, verfügen über zwei in der Tat machtvolle Techniken: die Propaganda und die Gewalt. Propaganda vermag selbst in den freiheitlichen Demokratien erheblichen Einfluß zu gewinnen, wenn sie nur erst tief genug in die Medien der Information, der Erziehung, der Kultur und womöglich sogar in die Kirchen eingedrungen ist. Sie bedarf der technischen Instrumente wie der Repetition, der Diffamierung, des sozialen Druckes, der Bemächtigung der Kinder und Jugendlichen. Dennoch ist es bisher noch nie gelungen, ganze Generationen auf Dauer in ihren Bann zu schlagen. Am eindringlichsten zeigte sich ihre Macht im Sieg der nationalsozialistischen Gegenrevolution. Es gibt aber bisher kein einziges Beispiel dafür, daß sich ein Volk mit Mehrheit freiwillig für die sozialistische Revolution entschieden hätte. Wo dieser Anschein entstanden ist, hat – von Rußland bis Nicaragua – das Volk in Wirklichkeit für die demokratische Revolution gekämpft und wurde nachträglich von Verfechtern der sozialistischen Revolution, die sich an die Spitze durcharbeiteten und ihre demokratischen Rivalen aus dem Feld schlugen, hereingelegt. Die sozialistische Revolution mußte die Propaganda immer und überall durch Gewalt ergänzen. Denn, wie Abraham Lincoln es formulierte: »Man kann alle Menschen für einige Zeit und einige Menschen für alle Zeit, nicht aber alle Menschen für alle Zeit zum Narren halten.«[1] Zum Menschsein des Menschen gehört die wunderbare Kraft der Katharsis – der Einsicht, der Scham und der Wiedergutmachung. Sie bewirkt die tiefen Wandlungen in der Biographie des einzelnen, und aufs Ganze gesehen auch die großen Wandlungen in der Geschichte. Sie machte es möglich, daß zum Beispiel die Ketzerverbrennungen, die Hexenverfolgung,

---

1 Abraham Lincoln (1809–1865), in: Complete Works of Abraham Lincoln, hrsg. v. John G. Nicolay und John Hay, 12 Bde, New York 1905, Bd XI, S. 105.

die grausamen Körperstrafen, die Sklaverei, die Konzentrations-
lagersysteme, die von der jeweiligen Gesellschaft lange Zeit getragen und geduldet wurden, plötzlich in ihrer moralischen Ab-
scheulichkeit durchschaut und überwunden wurden. Wenn wir
angesichts der Erfolge der sozialistischen Propaganda mutlos
werden, haben wir einen dem Menschen eigentümlichen Wesens-
zug vergessen. Er tut zwar immer Unrecht oder billigt und duldet
es. Aber es gehört zu seiner Natur, zu wissen, was Unrecht ist. Er
verdrängt dieses Wissen, er schaut nicht hin, er versperrt sich der
Information oder glaubt sie nicht. Aber von Zeit zu Zeit bricht die
Erkenntnis auf und bewirkt die Wandlung. Und diese Natur des
Menschen ist unveränderlich: auf sie dürfen wir auch in Zukunft
unsere Hoffnung setzen.

26 Der Zweifel an der sozialistischen Legitimation

Deshalb wachsen die Bäume der sozialistischen Gegenrevolution
nicht in den Himmel. Wer hätte noch vor 35 Jahren darauf gesetzt,
daß der Terror des Despotismus in der Sowjetunion und in China
sich etwas mäßigen und insgesamt einer bedachteren Politik wei-
chen würde? Diese Staaten sind um ihrer internationalen Glaubwürdigkeit willen darauf angewiesen, Rechtlichkeit wenigstens
vorzuspiegeln, politisch und wirtschaftlich als vertragsfähig zu
gelten, den finanziellen Druck der Rüstung durch Rüstungsbe-
grenzungsverhandlungen zu mindern und der wirtschaftlichen
Entfaltung begrenzten Spielraum zu verschaffen – Notwendig-
keiten, die schon Kant für die Staaten seiner Zeit beschrieb. An
eine Konvergenz von Ost und West ist nicht zu denken, aber die
Rivalität mit dem Westen zwingt die Ostblockstaaten zu Kom-
promissen und zum Lavieren zwischen Doktrin und Pragmatismus.

Und wer hätte erwartet, daß in den Kernländern des Sozialismus selbst das von Lenin begründete und von Stalin ausgebaute
System der Konzentrationslager zumindest stark reduziert werden würde? Die »Entstalinisierung« Ende der 50er Jahre hat zwar
nicht zum Durchbruch von Recht und Freiheit, aber immerhin zu
einer Mäßigung der Willkür geführt, ja vorübergehend so weit,

daß Werke Solschenizyns in Moskau erscheinen durften. Sie hat die despotischen Grundlagen des Systems nicht angetastet – auch Chruschtschow war ein Zögling des Systems, der dies nicht wollte und nach Lage der Dinge auch gar nicht gekonnt hätte – und nichts anderes gilt für Gorbatschow.

Ein despotisches System kann, je nach seinen Zwecken, härter oder milder werden. Es sah sich in den 50er Jahren gezwungen, milder zu werden, hat dann aber neue, subtilere Methoden des Terrors, so die Zwangspsychiatrisierung der Demokraten, entwickelt. Aber es zeigt sich doch, daß Moral und Vernunft der ausgeliehenen Legitimitätsgrundlagen eine sanfte, aufweichende Wirkung entwickeln können, auf die wir auch für die Zukunft unsere Hoffnung setzen dürfen. Ein ähnlicher Fortschritt, systemimmanent und deshalb bloß relativ, hat sich auch in China vollzogen. Die revolutionäre Phase mit ihren 25 Millionen Toten und die Barbareien der Kulturrevolution scheinen durch einen gewissen politischen und wirtschaftlichen Pragmatismus mit Öffnung nach Westen und Mäßigung im Innern abgelöst zu werden.

Die Propaganda der sozialistischen Weltrevolution büßt ihre bezaubernde Verführungskraft ein, wenn sie an die Macht kommt und sich in der Wirklichkeit bewähren muß. Bei allem Bemühen, wegzusehen und die Wirklichkeit nicht wahrzunehmen, kann man sich der Wahrheit auf Dauer doch nicht entziehen. Man hatte erwartet, daß die sozialistische Revolution die Dinge bessert, und lernt, daß sie alles nur viel schlimmer macht. Mit rhetorischer Kunst allein kommt man gegen konkrete Erfahrungen vielleicht längere Zeit, auf Dauer aber nicht an.

Was viele Demokraten bedrückt und mitunter verzagen läßt, ist weniger der Sowjetimperialismus als solcher, als vielmehr die Dekadenz in den Demokratien selbst, das Mitläufertum mancher Intellektueller mit dem sozialistischen Totalitarismus. Die Zentren der sozialistischen Gegenrevolution finden wir heute inmitten der Demokratien, freilich nicht dort, wo sie hingehören: in den Fabriken, sondern in den Universitäten und Hochschulen, Rundfunk- und Fernsehanstalten, Zeitschriften und Volkshochschulen, bei Schriftstellern und Künstlern, Erziehern und Bildungspolitikern, Befreiungstheologen und Studentenseelsorgern, auf Kirchentagen und in Kirchenleitungen bis hinauf zum ökumenischen Weltrat der Kirchen. Nicht wenige Intellektuelle, die auf jede Art von Unrecht in den Demokratien oder gar in rechts gerichteten Diktaturen empfindlich reagieren und dadurch zeigen, daß sie Recht und Unrecht zu unterscheiden wissen und zur mitmenschlichen Solidarität fähig sind, setzen sich dennoch für die sozialistische Gegenrevolution ein. Die totalitäre Aufhebung des Rechtszustands scheint ihnen geschichtlich notwendig und sinnvoll oder mindestens hinnehmbar, wenn nur der ideologische Überbau »links« und nicht »rechts« ist. Verelendung, Unterdrückung und Verfolgung in den sozialistischen Staaten berühren sie nicht, sie wollen sie möglichst nicht wahrnehmen, sondern stellen sich erklärend, entschuldigend, rechtfertigend oder leugnend vor die verantwortlichen Machthaber und propagandistischen Betrüger. Sie bestimmen die Opfer der rechtsgerichteten Systeme für die Solidarität, die der linksgerichteten für das Vergessen. »Ich war durstig, und ihr habt mir nicht zu trinken gegeben, ich war krank und im Gefängnis, und ihr habt mich nicht besucht.« (Matth. 25, 42 f.)[1]

Das Eigentümliche und Erklärungsbedürftige ist, daß die meisten dieser Mitläufer an sich Demokraten sind und für sich selbst das Leben in einer Demokratie vorziehen, ja daß sie als Intellektuelle noch mehr als andere auf Freiheit angewiesen sind, daß sie aber gleichwohl alles daransetzen, der demokratischen Weltrevolution Hindernisse in den Weg zu legen und die sozialistische Gegenrevolution zu unterstützen. Sie sind infolge ihres überproportionalen Einflusses in den Medien, den Kirchen, in Bildung und Erziehung durchaus erfolgreich und haben zur Schwächung der Demokratie und zur Stärkung der sozialistischen Gegenrevolution in vielen Fällen schon entscheidend beigetragen.

---

1 Ein Beispiel für diese propagandistische Strategie bildet Nicaragua. Hierzu Martin Kriele, Nicaragua – Das blutende Herz Amerikas ⁴1986. In Vorbereitung ist eine umfassende Dokumentation über »Die Intellektuellen und der Totalitarismus«, die der Verfasser gemeinsam mit Hans-Peter Schwarz herausgeben wird. Der Versuch einer geistesgeschichtlichen und politischen Analyse in: M. Kriele, Befreiung und politische Aufklärung. Plädoyer für die Würde des Menschen, 2. Aufl., Freiburg 1986.

Dennoch ist ihr Einfluß nicht groß genug, um die demokratische Weltrevolution aufzuhalten und die geschichtlichen Grundtendenzen umzukehren. Immerhin ist es ihnen bisher noch niemals irgendwo gelungen, Mehrheiten herzustellen: Es gibt kein einziges Beispiel dafür, daß die Wähler in freier Zustimmung der sozialistischen Gegenrevolution zum Siege verholfen und sie darin bestätigt hätten. Auch entzieht sich die nachwachsende Jugend ihrem Einfluß offenbar in zunehmendem Maße. Unter den Jugendlichen aber, die ihr erliegen, erwachen die meisten im Laufe ihres Lebens doch zu Vernunft und Moral und werden zuverlässige Verteidiger der Demokratie.

Denn was sie verleitet hat, ist meist keineswegs Zynismus, sondern ganz im Gegenteil der Idealismus der Ideale von Freiheit, Gleichheit und Brüderlichkeit, die die sozialistische Revolution von der demokratischen entliehen und pervertiert hat. Der sozialistische Idealist hat also gewissermaßen – juristisch gesprochen – die Normen richtig erkannt, aber auf den falschen Sachverhalt angewendet.

Zwar spielt nicht nur die Verwirrung des Realitätsurteils – die mit aufrichtigem Idealismus vereinbar ist – eine Rolle, sondern durchaus auch eine Verwirrung des moralischen Urteils. Diese wird vor allem durch die normative Kraft des Faktischen – nämlich der imponierenden und siegreichen Sowjetmacht – ausgelöst, und damit verbunden durch die wertbestimmende Zukunftserwartung: »Der Sozialismus siegt«. Wie es zu dieser Verwirrung des moralischen Urteils kommt und welche psychologischen, philosophischen und theologischen Faktoren dafür bestimmend sind, bedarf einer eingehenderen Analyse, die nicht Gegenstand dieses Buches sein kann.[1] Die Anpassung an die Siegeserwartung bedarf der Tarnung: sie muß sich als aufrichtigen Idealismus ausgeben und vermag nur so ihre verzaubernde Verführungskraft zu entfalten.

Die Verführungskraft, die die sozialistische Propaganda auf aufrichtige Idealisten auszuüben vermag, beruht nicht auf einer alternativen Legitimitätskonzeption, sondern auf Schwäche der

---

1 Vgl. M. Kriele, Das »Recht der Macht«, Die normative Kraft des Faktischen und der Friede, in: Kontinent, 1983, Heft 3, S. 7 f., vgl. oben S. 90 ff.

Urteilskraft und damit der Einschätzung komplexer Realitäten. Mit der Lebenserfahrung wachsen Urteilskraft und Realitätssinn, und so wendet sich der gleichbleibende Idealismus mehr und mehr von den Illusionen der sozialistischen Weltrevolution ab und der Demokratie zu. Wo das nicht geschieht, fehlt es entweder an intellektuellen Fähigkeiten, oder aber die berufliche Situation – etwa als Künstler oder Journalist – beschränkt den persönlichen Lebenskreis auf ideologisch Gleichgesinnte und vermittelt zu wenig unmittelbaren Kontakt mit der Lebenswirklichkeit, so daß sich die Ideologie nicht korrigieren und eine reife Lebenserfahrung nicht entwickeln kann. Aus diesem Grunde gibt es in den freiheitlichen Demokratien viel mehr überzeugte Verfechter der sozialistischen Revolution als in den Ländern des realen Sozialismus selbst, wo sich der Idealismus an der Erfahrung bricht und wo die Phrasen der Propaganda nur noch um der Machtstabilisierung willen repetiert und aus Notwendigkeit der Anpassung dahergeredet werden.

Zahllosen ehemaligen idealistischen Streitern für die sozialistische Gegenrevolution ist im Laufe ihres Lebens gedämmert, daß sie einem reaktionären Despotismus zugearbeitet haben. Schriftsteller unter ihnen haben oft ein erschütterndes Zeugnis von ihren intellektuellen Wegen des Irrtums und des Erwachens abgelegt und ihre Scham und den moralischen Willen zur Wiedergutmachung bekannt, unter ihnen bedeutende Autoren wie Arthur Koestler[1], André Gide[2], Margarete Buber-Neumann[3], George Orwell[4], Ignaz Lepp[5], Wolfgang Leonhardt[6], Richard Löwenthal[7], Lew Kopelew[8].

---

1 Sonnenfinsternis, 1979.
2 Retour de l'U.R.S.S., Paris 1937.
3 Als Gefangene bei Stalin und Hitler, 4. Aufl., Stuttgart 1982.
4 Im Innern des Wals – Ausgewählte Essays, 1. Ausg. d. Engl. F. Gasbarra, P. Naujak, C. Schmölders, 1975, Animal Farm (1952); Nineteen Eighty-Four (1949).
5 Von Marx zu Christus, Graz 1957.
6 Die Revolution entläßt ihre Kinder, 1955.
7 Paul Sering (d. i. Richard Löwenthal), Jenseits des Kapitalismus, Nachdruck der Ausgabe 1947, Berlin 1977.
8 Und schuf mir einen Götzen. Lehrjahre eines Kommunisten, 1981.

Und grenzt es nicht fast an ein Wunder, wie die Intellektuellen Frankreichs und einiger anderer romanischer Länder, nach jahrzehntelanger Propagandaarbeit für die sozialistische Gegenrevolution, in großer Zahl plötzlich zu Einsicht, Scham und dem Willen zur Wiedergutmachung gekommen sind – durch die kathartische Wirkung der Werke eines einzigen Autors, Alexander Solschenizyns[1]?

27 Bilanz der sozialistischen Gegenrevolution seit 1945

Die Sowjetunion konnte die ihrem Imperium einverleibten oder angegliederten Völker nur mit eiserner Disziplin in ihrem Machtbereich festhalten: zum Beispiel mit Zwangsumsiedlungen (Baltikum), der Niederwerfung von Aufständen (Ungarn), der Einmauerung der Bevölkerung (DDR), mit militärischem Einmarsch (Tschechoslowakei), mit vollständiger, Lethargie auslösender Verelendung (Bulgarien), marionettenhafter Militärdiktatur (Polen), Verstümmelung der Kinder durch Abwurf explosiven Spielzeugs, Entvölkerung ganzer Landstriche durch Vertreibung oder Ausrottung der Bevölkerung (Afghanistan).

Ein derart brüchiges Legitimationssystem, das sich nur mit Propaganda und Gewalt erhalten kann, ist eine »faule Existenz«[2] im Sinne Hegels. Es vermag sich gewiß mit seinen Techniken lange Zeit zu behaupten und gegen den Fortgang der Weltgeschichte zu stemmen, ohne indes je zu Ruhe, innerer Stabilität, freier Anerkennung durch seine Bürger gelangen zu können.

In der dritten Welt ist es der sozialistischen Revolution gelungen, einige Staaten zu erobern. Diese sollten den Anfang bilden, Brückenköpfe sein, beispielhafte Modelle, Zentren, von denen eine begeisternde Ausstrahlungswirkung ausgeht, die den revolutionären Funken um sie herum entzündet. Doch ihre Wirkung ist enttäuschend, deprimierend, niederschmetternd.

---

1 Vor allem: Der Archipel Gulag (1973) 3 Bände, (aus dem Russischen von Anna Peturnig), Bern 1974.
2 Hegel, Vorlesungen über die Philosophie der Geschichte, in: G. W. F. Hegel, Werke in zwanzig Bänden, Frankfurt a. M. 1986, Bd. 12, S. 53.

In Asien: Auf die Erfahrungen mit dem Sozialismus Pol Pots, der in einen der entsetzlichsten Ethnozide der Geschichte mündete, folgte die Erfahrung mit Vietnam: ein militaristischer Imperialismus, der seine Nachbarn Laos und Kambodscha unterwarf und gegen den sich die Völker mit endlosen Guerillakämpfen auflehnen, und der weitere Nachbarn (Thailand) bedroht. Im Inneren ein System der Konzentrationslager (»Umerziehungslager« genannt) und eine Unterdrückung, die zahllose Vietnamesen auf seeuntüchtigen Booten in die Flucht treibt – mit einer Überlebenschance von 20 Prozent bei höchst ungewisser Zukunft irgendwo in Flüchtlingslagern. Das Argument, diese Menschen suchten nur wirtschaftliche Vorteile, verfängt höchstens noch bei westeuropäischen Intellektuellen. Der Anschauungsunterricht hält die Begeisterung der Asiaten zur Nachahmung offenkundig in engen Grenzen – und Afghanistan besorgt den Rest. Die Revolution auf den Philippinen war eine demokratische: der Versuch, aus ihr eine sozialistische zu machen, fand so gut wie keinen Rückhalt in der Bevölkerung.

Die beiden Brückenköpfe in Lateinamerika – Kuba und Nicaragua – gelangen nur, indem die von einer breiten Bevölkerung getragene, als demokratisch gewollte Revolution nachträglich in eine sozialistische umfunktioniert wurde: die demokratischen Revolutionäre wurden ausmanövriert, in Kuba zu 30 Jahren Gefängnis verurteilt, die übrigen flohen – jeder neunte Kubaner ist Flüchtling. Aufmüpfige Christen wurden erschossen, die Zeugen Jehovas ausgerottet, Homosexuelle in Konzentrationslager gesperrt. Die kubanische Revolution stabilisierte sich vor allem dank des Charismas des sogenannten »Führers« und trägt auch sonst stark faschistische Züge. Doch ist sie wirtschaftlich und politisch völlig von der Sowjetunion abhängig. Sie exportiert zwar die Revolution, etwa nach Angola, aber nicht mit Überzeugungskraft, sondern mit Waffengewalt, während sie sich daheim nicht aus eigener Kraft zu tragen vermag.

Nicht anders die nicaraguanische Revolution, die mit ihrer wirtschaftspolitischen Unfähigkeit und ihrer rücksichtslosen Repression jeden sechsten Nicaraguaner in die Flucht und viele in den aktiven Widerstand getrieben hat. Obwohl sie die Kunst der Propaganda zu äußerster Perfektion gesteigert hat und die antiamerikanische Solidarität der Lateinamerikaner zu mobilisieren vermochte, gerät sie doch in Lateinamerika mehr und mehr in Isolation und findet weder wirtschaftliche noch politische, noch militärische Unterstützung. Die Wirkung dieses »Vorbilds« ist nach den gemachten Erfahrungen nicht anziehend, sondern abstoßend. Je länger sie sich mit Hilfe des Ostblocks und Kubas an der Macht zu halten vermag, um so tiefer wird sie das Volk in Verelendung, Terror und Religionsverfolgung führen. Die diesem »Vorbild« nacheifernden Guerillakämpfer in Peru, El Salvador und anderen lateinamerikanischen Staaten finden schon heute so gut wie keinen Rückhalt mehr in der Bevölkerung, sondern werden von dieser der Polizei angezeigt.

In Afrika, auf das die sozialistische Revolution ihre größte Hoffnung gesetzt hat, steht es nicht besser. Äthiopien erteilt einen Anschauungsunterricht, wie er furchtbarer nicht sein kann: endlose Bürgerkriege, Zwangsumsiedlungen, Flüchtlingsströme, Landwirtschaftskollektivierungen, Verfolgung von Christen und Moslems, Hungerkatastrophen, in denen nur der Westen hilft, während das Regime die Hilfsgüter mit sowjetischen Lastwagen verteilt, um über ihre Quelle zu täuschen. In Angola kann sich das sozialistische Regime nur dank des unmittelbaren Eingreifens kubanischer und sowjetischer Truppen an der Macht halten. In Moçambique und Simbabwe herrschen ebenfalls Bürgerkrieg und Hunger, viele Menschen suchen Arbeit und Brot ausgerechnet im benachbarten Südafrika.

Die größte Chance der sozialistischen Revolution liegt in Südafrika: solange sich das rassistische Regime behauptet, ist sich ganz Afrika im Ziel seiner Niederwerfung einig und bereit, jeden Verbündeten willkommen zu heißen und jede Alternative zu akzeptieren. West und Ost, die demokratische und die sozialistische Revolution vereinigen sich im Kampf gegen den gemeinsamen Gegner, und das Führungsgremium des ANC ist zur Hälfte demokratisch, zur Hälfte sozialistisch orientiert. Erfahrungsgemäß hat die sozialistische Hälfte die bei weitem größere Aussicht, sich durchzusetzen. In der SWAPO Namibias sind die demokratischen Kräfte bereits ausgeschaltet: zum Teil ermordet, zum Teil in KZs, die die SWAPO im Exil in Sambia unterhält. Es zeichnet sich bereits jetzt ab, daß der bitteren Gegenwart Südafrikas eine bittere Zukunft folgen wird. Die Lynchmethode der »necklaces« – Autoreifen, die den Opfern um den Hals gehängt und in Flammen gesetzt werden – gibt einen Vorgeschmack des Kommenden.

Zugleich wird dem Wohlstand des Landes, der auch den Lebensstandard der Schwarzen über den afrikanischen Durchschnitt hebt, der Absturz ins Elend folgen. Wenn die Sowjetunion, die zugleich strategische und ökonomische Interessen verfolgt, hier ihren bisher größten Triumph in der dritten Welt feiern wird, so könnte dieser zugleich zum Desaster der sozialistischen Gegenrevolution werden: ihr Höhepunkt und der Beginn ihres endgültigen Niedergangs. Zu dieser Vermutung bedarf es keiner prophetischen Kunst, sondern nur der Erfahrung, was in vergleichbaren Situationen bisher geschah, und des Verstehens der Gründe, aus denen heraus die Ereignisse so abzulaufen pflegen.

Vor diesem Hintergrund ist die Selbstgewißheit, daß »der Sozialismus siegt«, keineswegs mehr so überzeugend, wie sie sich gibt: sie scheint eher den Charakter einer sich selbst ermutigenden Kampfparole zu haben, die vor Resignation bewahren soll. Die sozialistische Revolution ist nach wie vor präsent und kräftig, aber doch nicht so imponierend und erfolgverheißend, daß für Demokraten Grund zur Entmutigung und Resignation bestünde.

28 Bilanz der demokratischen Revolution seit 1945

Stellen wir den Erfolgen, die die sozialistische Revolution seit 1945 errungen hat, diejenigen der demokratischen Revolution gegenüber, die ja auch ihren Fortgang genommen hat: Die letzten faschistischen Systeme auf europäischem Boden (Griechenland, Spanien, Portugal) sind verschwunden, die neuen Demokratien kaum von der sozialistischen Revolution bedroht, da die »Sozialisten« dort selbst überwiegend Demokraten sind.

Die ehemaligen Kolonien sind in die Unabhängigkeit entlassen, die britischen fügen sich freiwillig unter Anerkennung der Krone dem Commonwealth ein.

In Lateinamerika, das noch vor 20 Jahren ganz überwiegend

diktatorisch beherrscht war, zeigt sich die demokratische Revolution auf breiter Front im Vormarsch: so in Argentinien, Uruguay, Peru, El Salvador, Guatemala, Haiti. In anderen Ländern, wie zum Beispiel in Mexiko, gibt es zumindest eine demokratische Fassade. Intakte Demokratien, wie etwa Costa Rica, haben geradezu Modellcharakter gewonnen. Heute sind nur noch vier reine Diktaturen übriggeblieben: Chile und Paraguay, Kuba und Nicaragua. Die übrigen Staaten sind zumindest der äußeren Form und Tendenz nach Demokratien. Auch wenn sie mit schwersten wirtschaftlichen, sozialen und politischen Problemen zu ringen haben und teilweise von dem rivalisierenden Terror der Guerilla und des Militärs bedroht bleiben, wie El Salvador und Guatemala, so wird die Demokratie doch von einer tief im Volk – und zwar heute gerade auch in seinen sozial benachteiligten Schichten – verwurzelten Bewegung getragen. Die Menschen sind der Alternative »rechte oder linke Diktatur« ebenso müde wie des Terrors durch ihre rechten oder linken Verfechter. Der Anschauungsunterricht Kubas und Nicaraguas belehrt die Menschen weiterhin intensiv darüber, daß die sozialen und politischen Probleme nach der Ablösung der rechten Diktaturen keineswegs in linken Diktaturen lösbar werden. Was die Menschen wollen, ist die soziale Demokratie.

Ein wesentlicher, ja geschichtlich tief bedeutsamer Faktor kommt hinzu: Die katholische Kirche hat einen tiefgreifenden Wandel ihres politischen Denkens durchgemacht. Sie, die im 18. Jahrhundert die entschiedenste Gegnerin der politischen Aufklärung war, ist heute zu ihrem zuverlässigsten Bundesgenossen geworden. Sie gibt ihr, soweit ihr Einfluß reicht, moralischen und politischen Rückhalt in ihrer Soziallehre und ihrer Unterstützung der sozial orientierten christlich-demokratischen Parteien.

Die Kirche hat die Konsequenz aus der Tatsache gezogen, daß die Universalität des Rechts nicht mehr auf die Universalität von Reich und Kirche gestützt werden kann, sondern nur noch auf die Würde des Menschen. Sie trägt den Kampf für ihre rechtlichen Bedingungen, also für Menschenrechte, Gewaltenteilung und Demokratie, mit der ganzen Kraft ihres Einflusses, soweit dieser reicht. Die Überzeugungskraft einer Wahrheit läßt sich nicht eindrucksvoller erweisen, als wenn es ihr gelingt, Feinde in Freunde zu verwandeln.

In Lateinamerika ist es vor allem diesem Einfluß zu verdanken, daß die demokratische Opposition von einer breiten, im christlichen Glauben verwurzelten Volksbewegung getragen wird. Die sozialen und politischen Probleme des Kontinents sind im öffentlichen Bewußtsein lebendig geworden, und das Erwachen des Verantwortungsbewußtseins macht zwar langsame, aber stetige Fortschritte. In den vier Diktaturen findet die demokratische Opposition ihren stärksten Rückhalt in der Kirche. Der demokratischen Standfestigkeit der Kirche ist es weitgehend gelungen, die sogenannte »Befreiungstheologie«, die ursprünglich als intellektuelle Speerspitze der sozialistischen Gegenrevolution gemeint war, in einen Impuls für die demokratische Revolution umzuwandeln und die hartnäckigen Kollaborateure des Sowjetimperialismus auf den Status einer innerkirchlichen Opposition zurückzudrängen.

In Asien hat die Kirche nennenswerten Einfluß nur auf den Philippinen, und dort wurde die katholische Mehrheit der Bevölkerung zum Träger der demokratischen Revolution. In Afrika ist die demokratische Bewegung allenthalben noch schwach und hat nirgends einen entscheidenden Durchbruch errungen. Immerhin aber ist die demokratische Opposition am ausgeprägtesten in den ehemals portugiesischen, belgischen und französischen Kolonien und hat sich in Angola und Moçambique sogar zu aktivem Widerstand formiert.

In Europa hat die Kirche ihre Bindungen an reaktionäre oder gar faschistische Kreise längst gelöst und zum Sturz der Diktaturen in Spanien und Portugal nicht unwesentlich beigetragen. Sie unterstützt allenthalben demokratisch orientierte Kräfte. Im Ostblock ist der demokratische Widerstand nirgends so unerschütterlich wie im katholischen Polen. Auch in anderen Ländern stützt er sich wesentlich auf den katholischen Teil der Bevölkerung.

Schließlich ist ein weiterer gewichtiger Machtfaktor in Rechnung zu stellen: Die Amerikaner sind dabei, anders als die Europäer, ihr Vietnamtrauma aufzuarbeiten: sowohl die in Vietnam erlittene Niederlage als auch die dort begangenen Kriegsverbrechen haben Amerika zwar moralisch tief erschüttert, aber ihm doch nicht das Bewußtsein nehmen können, daß der Kampf für »freedom and democracy« keineswegs imperialistischen Kapitalinteressen, sondern aufrichtig gemeinten Menschheitsidealen dienen sollte. Die Erfahrung, wohin der sogenannte »Befreiungskampf« des Vietkong die Menschen geführt hat, hat ihnen ihr moralisches Selbstvertrauen zurückgegeben. Die Greuel des Vietnam-Krieges auf beiden Seiten hatten ein Ausmaß angenommen, das jede Form des Friedens als das kleinere Übel erscheinen ließ, einschließlich der Auslieferung des vietnamesischen Volkes an den Vietkong. Und es ehrt die Amerikaner, daß sie – statt die Intensität des Krieges noch weiter zu steigern und den Sieg zu erzwingen, wie sie es vermocht hätten – den Rückzug vorzogen. Aber es ehrt sie auch, daß sie – abgesehen von ihren prosozialistischen Intellektuellen – in ihrer politisch-moralischen Urteilskraft nicht wankend wurden. Sie sind, anders als viele Europäer, überzeugt, daß Sieg oder Niederlage nicht über Recht und Unrecht entscheiden.

Sie haben darüber hinaus dazugelernt, daß die Unterstützung rechtsgerichteter Diktaturen, wenn diese bloß antikommunistisch sind, kontraproduktiv sein kann, und sind dazu übergegangen, der demokratischen Revolution auch gegen solche Diktaturen Unterstützung zu gewähren – Haiti und die Philippinen sind jüngste Beispiele. Damit haben sie sich die Legitimation verschafft, die demokratische Revolution auch gegen sozialistische Diktaturen zu unterstützen, etwa in Angola oder Nicaragua. Auch wenn sie dabei vorsichtig zu Werke gehen und eine unmittelbare militärische Verstrickung vermeiden, und auch, wenn ihre Unterstützung nicht ausreicht, dem Widerstand zum Sieg zu verhelfen, so ist diese Unterstützung dennoch eine moralische Kraft, deren Wirkung nicht unterschätzt werden darf. Sie gibt den Demokraten in der Welt die Überzeugung, nicht mehr im Stich gelassen zu sein, sie gibt ihnen Rückhalt und Ermutigung.

Stellt man alle diese Faktoren einander gegenüber und legt die Erfolge der sozialistischen Revolution auf die eine Waagschale, die der demokratischen auf die andere, so beweist das zwar noch nicht, daß die demokratische unbedingt stärker ist und siegen wird, aber doch, daß kein Grund zur Entmutigung besteht, sondern Anlaß zum Vertrauen, daß Moral und Vernunft gegen Gewalt und Propaganda ihre Chance haben, wenn man sich nur für sie einsetzt.

Kapitel 7
Das Recht auf Widerstand und Revolution

29 Die klassische Lehre

Der Widerstand der Bevölkerung gegen die Bolschewisierung etwa Afghanistans, Angolas oder Nicaraguas, gegen Militärdiktaturen wie in Chile oder gegen die Rassenpolitik Südafrikas stellt uns vor die Frage, ob und unter welchen Umständen Widerstand prinzipiell gerechtfertigt ist. Davon hängt ab, ob es überhaupt eine Rechtfertigung dafür geben kann, dem Widerstand moralische, politische, finanzielle oder gar militärische Unterstützung zu gewähren, oder ob wir verpflichtet sind, ihn im Stich zu lassen und zuzusehen, wie der Totalitarismus ihn endgültig erstickt und sich selbst irreversibel etabliert.

Nach klassischer Lehre[1] kommt es *erstens* darauf an, ob die Verfassungsordnung im großen und ganzen einen Rechtszustand herstellt. Wo sie das tut, folgt die Verpflichtungskraft der Rechtsnormen und Rechtsakte aus der Legitimität der Staatsordnung im ganzen, unabhängig davon, ob man sie im einzelnen als gerecht oder ungerecht ansieht.

Auch Widerstand bloß gegen einzelne legale Rechtsnormen oder Rechtsakte, die man als ungerecht beurteilt, ist im demokratischen Verfassungsstaat nicht zu rechtfertigen. Denn dieser stellt rechtmäßige Wege zur Überwindung des Unrechts bereit, zum Beispiel Anrufung unabhängiger Gerichte, demokratische Rechtsreform, politische Kontrolle, publizistische Kritik, öffentlichen Protest. Wird das für ungerecht Gehaltene nicht revi-

---

1 Vgl. vor allem Kurt Wolzendorff, Staatsrecht und Naturrecht in der Lehre vom Widerstandsrecht gegen rechtswidrige Ansätze der Staatsgewalt, 2. Neudruck der Ausgabe 1916, 1968.

diert, so in aller Regel deshalb, weil die Mehrheit und die durch sie legitimierten Entscheidungsinstanzen es nicht für ungerecht halten. Was gerecht oder ungerecht ist, ist Gegenstand der demokratischen Auseinandersetzung und bedarf eben deshalb der Entscheidung durch die jeweils demokratisch legitimierten Organe gemäß den verfassungsmäßigen Kompetenzen und Verfahren unter Achtung des grundrechtlichen Minderheitenschutzes. Widerstand bedeutet, daß die Entscheidungskompetenz von den verfassungsmäßigen Organen auf rivalisierende gesellschaftliche Gruppen übertragen würde. Wer sich dann durchsetzt, hängt davon ab, wer mächtiger, zynischer, gewaltbereiter ist. Das bedeutet den Kampf aller gegen alle, im Extremfall den Bürgerkrieg, in dem das Recht des Stärkeren gilt und der leicht in ein wirkliches Unrechtsregime münden kann.

Anders in Despotien, also in Diktaturen, Fremdherrschaften, Rassenregimen, totalitären Systemen: Hier ist nach klassischer Lehre selbst der Tyrannenmord naturrechtlich gerechtfertigt, vorausgesetzt, er beschwört nicht ein noch größeres Übel herauf, sondern ist darauf gerichtet, einen Rechtszustand herbeizuführen. Ist das System im ganzen ein Unrechtssystem, so vermag es aus sich heraus auch nicht einzelne Gesetze oder Rechtsakte zu legitimieren. Was diese allenfalls zu legitimieren vermag, ist zweierlei: einmal der Gedanke, daß, solange das Unrechtssystem nicht umgestürzt werden kann, ein Leben in der relativen Ordnung des Systems ein kleineres Übel sein kann als erfolgloser Widerstand, zum anderen, daß auch in der Despotie manche Regeln gelten, die es in vergleichbarer Gestalt auch in Rechtssystemen gibt. Dann folgt ihre Legitimität aus ihrer immanenten Vernunft, aber nicht aus ihrer Ableitung aus dem politischen System.

Zweitens kommt es darauf an, ob das Ziel des Widerstands die Herstellung eines Rechtszustandes ist. Für die Ablösung einer Despotie durch eine andere – etwa einer »rechten« Diktatur durch eine »linke« oder umgekehrt – kann es keine naturrechtliche Rechtfertigung geben.

Drittens kommt es auf die angewandten Mittel an. Auch im Bürgerkrieg sind die völkerrechtlichen Regeln der Kriegführung strikt einzuhalten, insbesondere Schonung der Zivilbevölkerung, humane Behandlung der Gefangenen, Respektierung des Roten Kreuzes. Eine Verletzung solcher Regeln mit Billigung der Führung des Widerstandes delegitimiert den Widerstand im ganzen. Exzesse einzelner, die gegen die von der Führung ausgegebenen und sanktionierten Richtlinien gehandelt haben, sind zwar zu verurteilen, delegitimieren aber, wenn die Führung im großen und ganzen eine effiziente Kontrolle über ihre Mannschaft ausübt, den Widerstand im ganzen ebensowenig wie rechtswidrige Übergriffe einzelner Polizeibeamter den Rechtsstaat. Man billigt die Notwehr und verurteilt den Notwehrexzeß.

Viertens kommt es darauf an, ob der Widerstand das einzig verbliebene Mittel zur Überwindung des Unrechtszustands ist, nachdem alle anderen Möglichkeiten vergeblich ausgeschöpft sind.

Fünftens kommt es auf eine Abwägung von Schaden und Nutzen an, insbesondere darauf, ob der Widerstand eine gewisse Erfolgschance in sich birgt. Es muß sich nicht unbedingt um eine militärische Siegeschance handeln, aber doch wenigstens um die Chance, durch das Offenbarmachen der Verzweiflung des Volkes über den Unrechtszustand die Demokraten in der internationalen Öffentlichkeit zur Solidarität zu bewegen und so mittelbar auf das Regime einzuwirken.

Dies sind die Maßstäbe, die jedenfalls im großen und ganzen in der Naturrechtslehre einschließlich der katholischen Soziallehre Anerkennung gefunden haben, wenn sie auch in den Einzelheiten Grenzfragen offenlassen und umstritten sind. Diese Maßstäbe liegen auch dem Widerstandsrecht im Grundgesetz (Art. 20 IV) und ähnlichen Regeln einiger Landesverfassungen zugrunde.

30 Kants Verneinung des Widerstandsrechts

Es gab in der Geschichte der Naturrechtslehre freilich auch Widerspruch gegen die Annahme eines Widerstandsrechts überhaupt. Einige nahmen an, daß sich aus der Abwägung von Schaden und Nutzen eine Rechtfertigung des Widerstands grundsätzlich verbiete. Dazu gehören nicht nur Verfechter des Absolutismus, wie Hobbes, sondern auch einige Verfechter des Verfassungsstaats. Der hervorragendste unter ihnen ist Immanuel Kant. Da er in unseren Betrachtungen als wichtigster Zeuge der politischen Aufklärung herangezogen worden ist, erscheint es fair, ihn in diesem Zusammenhang ebenso ernst zu nehmen wie sonst auch.

Kant verneint ein Widerstandsrecht im Hinblick auf die absoluten Monarchien, und er verneint es grundsätzlich. Die Frage ist, ob seine Gründe so weit reichen und so durchschlagend sind, daß sie auch ein Widerstandsrecht gegen ein totalitäres Regime ausschließen würden, also etwa den inneren Widerstand gegen Hitler, den ungarischen Widerstand gegen die Sowjetunion, den Widerstand in Afghanistan, Angola oder Nicaragua.

Kants Plädoyer für die demokratische Revolution ist im Grunde ein Plädoyer für die friedliche Selbstumwandlung der absoluten Monarchien in konstitutionelle Monarchien mit einer demokratischen Repräsentation als Gesetzgeber. Diese Revolution, die eigentlich Evolution ist, soll sich in zwei Schritten vollziehen: zunächst in der Annäherung an republikanische Staatsprinzipien unter Beibehaltung der Staatsstruktur im aufgeklärten Absolutismus, sodann im Übergang zum republikanischen Konstitutionalismus. Alles, was erforderlich sei, um diesen Fortschritt zu bewegen, sei die Freiheit des Geistes, die Kant vom preußischen Staat erwartete.[1] Deshalb konnte er zwar die Französische Revolution auf einen moralischen Impuls zurückführen und seinen Wunsch äußern, er hätte an ihr teilnehmen wollen: »Diese Revolution... findet doch in den Gemütern aller Zuschauer... eine Teilnehmung dem Wunsche nach, die nahe an Enthusiasmus grenzt, und deren Äußerung selbst mit Gefahr verbunden war, die also keine andere als eine moralische Anlage im Menschengeschlecht zur Ursache haben kann.«[2]

Dieser Enthusiasmus galt der Französischen Revolution in ihrer ersten – evolutionären – Phase (1789–92), nicht der zweiten

---

1 Kant, Über die Beantwortung der Frage: Was ist Aufklärung?, XI, S. 59 f.
2 Kant, Der Streit der Fakultäten, XI, S. 358.

terroristischen Revolution (1792–95).[1] Sein Fortschrittsoptimismus beflügelte Kant zu der Hoffnung, die demokratische Weltrevolution sei angesichts der relativen Aufgeklärtheit des Absolutismus durch dessen friedliche Evolution zu bewerkstelligen: Revolution durch Evolution.

Gewaltsamer Widerstand hingegen sei Ausdruck einer Ungeduld, wo Reformen möglich und wahrscheinlich seien. Die Vernunft erlaube, »den Stand eines mit Ungerechtigkeit behafteten öffentlichen Rechts noch so lange beharren zu lassen, bis zur völligen Umwälzung alles entweder von selbst gereift, oder durch friedliche Mittel der Reife nahegebracht worden«.[2]

Den Monarchen rät Kant im Blick auf die Französische Revolution, diese als warnenden »Ruf der Natur« zu Reformen zu verstehen: »Die Staatsweisheit wird sich also in dem Zustand, worin die Dinge jetzt sind, Reformen, dem Ideal des öffentlichen Rechts angemessen, zur Pflicht machen: Revolutionen aber, wo die Natur sie von selbst herbeiführt, nicht zur Beschönigung einer noch größeren Unterdrückung, sondern als Ruf der Natur benutzen, eine auf Freiheitsprinzipien gegründete gesetzliche Verfassung, als die einzig dauerhafte, durch gründliche Reform zu Stande zu bringen.«[3]

Den Untertanen aber rät Kant an, nicht sofort und mit Ungestüm »einen fehlerhaft und rechtswidrig eingerichteten Staat durch Revolution umformen zu wollen, bei welcher gewaltsamen Operation derselbe gänzlich in Anarchie aufgelöst zu werden Gefahr läuft«.[4] Aus diesem Grunde sei es für den Untertanen Pflicht, zu warten, »bis die Herrschergewalt sich selbst allmählich zu Reformen durch die Natur der Sachen und die Vorstellungen der Untertanen bewegen wird«.[5] Wer diese Reformbereitschaft oder Reformfähigkeit bestreite, sage »mehr als er beweisen kann«.[6]

---

1 Vgl. oben S. 79 mit Fußnote 3
2 Kant, Zum ewigen Frieden, XI, S. 234.
3 Kant, a. a. O., S. 234.
4 Kant, a. a. O., S. 230.
5 Kant, a. a. O., S. 230.
6 Kant, a. a. O., S. 230.

Für Kant gilt das Verbot des Widerstands »unbedingt«.[1] Es stützt sich nicht nur auf pragmatische, sondern auch auf prinzipielle Argumente, das heißt, es ist nicht nur eine Frage der praktischen Klugheit, sondern der moralischen Pflicht. Dafür gibt Kant zwei Gründe an: Das Entscheidungsmonopol und den Publizitätsgrundsatz.

Das Argument des Entscheidungsmonopols bildet den Kern jedes Rechtspositivismus – nicht als Gegenbegriff zum Relativismus, sondern zur unmittelbaren Naturrechtsgeltung. Das Naturrecht gilt nicht als Recht, sondern als moralische Forderung an das Recht; es bedarf, um Recht zu werden, erst der rechtspolitischen Umsetzung, insbesondere der Verfassungsgesetzgebung. In der Widerstandssituation ist zwischen Volk und Staatsoberhaupt umstritten, was Recht und Unrecht ist. Kant stellt die Frage: »Wer soll entscheiden, auf wessen Seite das Recht ist?« und antwortet: »Keiner von beiden kann es, als Richter in seiner eigenen Sache, tun. Also müßte es noch ein Oberhaupt über dem Oberhaupt geben, welches zwischen diesem und dem Volk entschiede, welches sich widerspricht.«[2] An die Möglichkeit eines Verfassungsgerichts hat Kant noch nicht denken können. Das Entscheidungsmonopol müsse beim Staate konzentriert sein, und folglich das Gewaltmonopol. Eine Maxime des Widerstands würde, allgemein gemacht, »alle bürgerliche Verfassung zernichten und den Zustand, worin allein Menschen im Besitz der Rechte überhaupt sein können, vertilgen«.[3]

Der Publizitätsgrundsatz lautet: »Alle auf das Recht anderer Menschen bezogenen Handlungen, deren Maxime sich nicht mit der Publizität verträgt, sind Unrecht.«[4] Diesen Grundsatz nennt Kant »die transzendentale Formel des öffentlichen Rechts«,[5] das heißt, er ist das formale Prinzip, das nach Abstraktion von aller Materie des öffentlichen Rechts und allem Empirischen ein »a priori in der Vernunft anzutreffendes Kriterium« abgebe, durch

---

1 Kant, Gemeinspruch, XI, S. 156.
2 Kant, a. a. O., S. 156.
3 Kant, a. a. O., S. 156.
4 Kant, Zum ewigen Frieden, XI, S. 245.
5 Kant, a. a. O., S. 244.

welches »die Falschheit (Rechtswidrigkeit) eines gedachten Anspruchs… zu ersehen« sei.[1] Gerechtigkeit könne »nur als öffentlich kundbar gedacht werden«.[2] Beim Abschluß des bürgerlichen Vertrages könne man sich aber nicht getrauen, »die Maxime des Vorsatzes einer gelegentlichen Empörung öffentlich bekannt zu machen«.[3] Denn sonst – damit nimmt das Argument der Publizität auf das Argument des Entscheidungsmonopols Bezug – würde das Volk sich zum Oberhaupt über das Oberhaupt bestellen und eine Staatseinrichtung wäre gar nicht möglich. »Das Unrecht des Aufruhrs leuchtet also dadurch ein, daß die Maxime desselben dadurch, daß man sich öffentlich dazu bekennte, seine eigene Absicht unmöglich machen würde. Man müßte sie also notwendig verheimlichen.«[4]

31 Absolutismus und Totalitarismus

Beide Argumente stehen ausdrücklich unter der Voraussetzung des gedachten Staatsvertrages: Es muß also denkbar sein, daß das Volk der Einrichtung des Staates als solcher seine Zustimmung hätte geben *können*. Ein solcher gedachter Staatsvertrag liegt nach Kant nicht nur einer republikanischen Verfassung zugrunde, sondern auch der absolutistischen Monarchie (obwohl Kant selbst sie als »Despotie« kennzeichnet), weil selbst das mißbrauchte Gewaltmonopol besser ist als die Alternative: Raub, Mord und Bürgerkrieg. Das Oberhaupt hat dann, wie Kant sagt, »die Idee des ursprünglichen Vertrages zum unfehlbaren Richtmaße, und zwar a priori«.[5] Er fährt fort: »Ist aber ein öffentliches Gesetz diesem gemäß, folglich in Rücksicht auf das Recht untadelig (irreprehensibel): so ist damit auch die Befugnis zu zwingen, und auf der anderen Seite das Verbot, sich dem Willen des Gesetzgebers ja nicht tätlich zu widersetzen, verbunden:

---

1 Kant, a. a. O., S. 244.
2 Kant, a. a. O., S. 244.
3 Kant, a. a. O., S. 246.
4 Kant, a. a. O., S. 246.
5 Kant, Über den Gemeinspruch…, XI, S. 155.

d. i. die Macht im Staate, die dem Gesetz Effekt gibt, ist auch unwiderstehlich (irrestisibel).«[1]

Diese Auffassung ist in der Naturrechtslehre allerdings umstritten. Die klassische Auffassung lehrt: Loyalität im Rechtszustand, Widerstandsrecht in der Despotie.[2] Diesen Grundsatz hat man für den Fall der Entartung des Staates zur Despotie unbedenklich als einen Vorbehalt gedacht, der dem Staatsvertrag beigefügt ist, und hat ihn als solchen ebenso unbedenklich öffentlich ausgesprochen. Kant hält dem entgegen, daß auch der Absolutismus schon ein Rechtszustand ist, weil »irgendein obgleich durch viel willkürliche Gewalt verkümmertes Recht besser ist als gar keines«.[3]

Die Geschichte des 20. Jahrhunderts hat uns neue Erfahrungen vermittelt. Kants Voraussetzung, daß eine Monarchie, selbst wenn sie absolutistisch strukturiert ist, im Kern immer noch einen Rechtsstaat bildet und der Aufklärung die erforderliche Freiheit gewährt, ist in den totalitären Systemen, wie sie unser Jahrhundert hervorgebracht hat, nicht mehr gegeben. Das Wesen des Totalitarismus ist die Parteilichkeit der Parteidiktatur, also die prinzipielle Ersetzung der Rechtsidee durch ihr genaues Gegenteil. Der Totalitarismus ist der institutionalisierte Bürgerkrieg, der auf der Seite der Machthaber mit Polizeimitteln geführt wird. Sein Gewaltmonopol dient nicht nur der Eindämmung des Verbrechens, sondern vor allem der machtvollen Institutionalisierung des Verbrechens durch den Staat selbst.

Wo man Unrecht grundsätzlich nicht öffentlich zur Sprache bringen kann, wo die Bürger von Konzentrationslagern und Folter bedroht sind, wo selbst noch die Emigration unterbunden ist und das Volk buchstäblich eingemauert wird, da besteht der Unrechtszustand schlechthin. Ein wie immer gedachter Staatsvertrag, dem der Gemeinwille des Volkes, wenn auch zähneknirschend, seine Zustimmung hätte geben können, ist unmöglich: ein Zustand, in dem ein Teil des Volkes über andere Teile vom »Recht des Stärkeren« Gebrauch macht, kann schlechterdings

---

1 Kant, a. a. O., S. 155 f.
2 Vgl. Kurt Wolzendorff, a. a. O.
3 Kant, Zum ewigen Frieden, XI, S. 230.

nicht als auf den Gemeinwillen gegründet gedacht werden. Die Bedingung jeden Staatsvertrages, wie immer dieser in der Geschichte der Staatsphilosophie gedacht worden ist, war zumindest, daß dieser ein Minimum an Rechtsfrieden herstellt. Eine Zustimmung dazu, sich zum Objekt fremder Willkür zu degradieren, ist undenkbar und niemals auch nur erwogen worden – auch nicht von Kant.

Mit seinen Argumenten läßt sich also nicht begründen, daß die Versuche, sich etwa der Gewalt eines Lenin oder Hitler zu entledigen, Unrecht gewesen wären. Der Totalitarismus ist ein Phänomen, das völlig außerhalb der Reichweite des Denkens der Aufklärer des 18. Jahrhunderts gelegen hat. Für Kant entsprang der Staatsvertrag der »Idee der Vernunft, die aber ihre unbezweifelte (praktische) Realität hat: nämlich jeden Gesetzgeber zu verbinden, daß er seine Gesetze so gebe, als sie aus dem vereinigten Willen eines ganzen Volkes haben entspringen k ö n n e n und jeden Untertan, sofern er Bürger sein will, so anzusehen, als ob er zu einem solchen Willen mit zusammengestimmet habe. Denn das ist der Probierstein der Rechtmäßigkeit eines jeden öffentlichen Gesetzes. Ist nämlich dieses so geschaffen, daß ein ganzes Volk u n m ö g l i c h dazu seine Zustimmung geben k ö n n t e ..., so ist es nicht gerecht; ist es aber n u r m ö g l i c h , daß ein Volk dazu zusammenstimme, so ist es Pflicht, das Gesetz für gerecht zu halten.«[1] Da die denkbare Zustimmung des Volkes zu einem totalitären System unmöglich ist, folgt, daß in ihm die Voraussetzungen für den Loyalitätsanspruch entfallen.

Kant ging wie selbstverständlich davon aus, daß Revolutionen von einer »schlechten Verfassung erzeugt« würden, um eine »gesetzmäßigere« zu erringen.[2] Revolution bedeutete für ihn: Ablösung der Despotie durch die Republik; an die Möglichkeit einer Gegenrevolution, die in die Despotie zurückführt und sich selbst irreversibel zu machen versucht, dachte er nicht. Deshalb sagt er: Fortschrittliche Revolutionen geschähen zwar »unrechtmäßigerweise«, erzeugten aber im Falle ihres Gelingens neue Legitimität. Es würde »alsdann nicht mehr für erlaubt gehalten

---

1 Kant, Über den Gemeinspruch..., XI, S. 153. Sperrungen von Kant selbst.
2 Kant, Zum ewigen Frieden, XI, S. 234.

werden müssen, das Volk wieder auf die alte zurück zu führen«.[1]
Für die Monarchie setzte Kant das Bestehen eines gewissen
Rechtszustandes voraus. Die Frage des Widerstands gegen den
absoluten Unrechtszustand stellte sich ihm nicht.

Im totalitären System ist Widerstand zwar in der Regel praktisch
unmöglich, weil die Techniken der Unterdrückung zur Perfektion gebracht sind. Der Widerstand ist dann eine praktische
Frage der Durchführbarkeit und der Aussicht auf Erfolg, die
zwar für seine moralische Beurteilung nicht ohne Relevanz ist.
Läßt sich diese Frage im Einzelfall aber bejahen, so gelten auch
von Kants Voraussetzungen her keine naturrechtlichen Grundsätze, die Moralität und naturrechtliche Rechtfertigung dieses
Widerstands in Frage stellen könnten.

32 Unterstützung des Widerstands?

Legt man also die Maßstäbe der klassischen Widerstandslehre
zugrunde, so sind folgende Gesichtspunkte zu bedenken.

1. Eine Unterstützung des Widerstands kommt nur in Betracht, wenn dieser selbst ein legitimer ist, wenn er sich also gegen die Etablierung einer Despotie mit dem Ziel der Herstellung
oder Wiederherstellung des Rechtszustands richtet, sich auf er-
laubte Mittel beschränkt, »letzter Ausweg« und nicht ohne
Erfolgschance ist.

Die Unterstützung einer kommunistischen »Befreiungsbe-
wegung« kann niemals gerechtfertigt sein, aber nicht, weil Gegengewalt an sich unter allen Umständen naturrechtswidrig
wäre, sondern weil der Widerstand nicht die Herstellung des
Rechtszustandes, sondern einer Despotie zum Ziel hat. Dies ist
selbst dann Unrecht, wenn das bekämpfte Regime selbst eine
Despotie ist, erst recht aber, wenn sich der Widerstand, wie im
heutigen El Salvador, Guatemala oder Peru, auf die Überwindung der demokratischen Verfassungsstrukturen richtet oder
wenn er versucht, einen ebenfalls rechtswidrigen Militärterror
zu provozieren, um aus der Eskalation von Terror und Gegen-

---

1 Kant, a. a. O., S. 234.

terror als Sieger hervorzugehen. Wenn sich solche »Befreiungsbewegungen« illegitimer Mittel bedienen – insbesondere des
Terrors gegen die Zivilbevölkerung –, so ist dies nur ein zusätz-
licher Grund für ihre Unrechtmäßigkeit. Die Unterstützung, die
solchen Bewegungen, etwa aus Kreisen des ökumenischen Rats
der Kirchen, gewährt wird, ist unverantwortlich. Es gilt, Doku-
mentationen darüber »aufzubewahren für alle Zeit«, damit sie
späteren Generationen als Lehrbeispiel dafür dienen, wohin
Leichtfertigkeit und Naivität, verknüpft mit idealistischer Selbst-
überhebung, führen können.

Hingegen ist der Widerstand gegen Despotien prinzipiell gerechtfertigt, vorausgesetzt, es ist sichergestellt, daß dieser die
Überwindung des Totalitarismus durch einen demokratischen
Rechtszustand zum Ziel hat und keine illegitimen Kampfmittel
aus seinen Reihen duldet.[1]

2. Der völkerrechtliche Grundsatz der Nichteinmischung in
innere Angelegenheiten[2] ist unter drei Aspekten zu bedenken.

a) Einmal verbietet dieser Grundsatz die gewaltsame Einmischung, nicht aber die Gewährung moralischen, publizistischen,
politischen Rückhalts.

b) Zum anderen ist die Einhaltung dieses Grundsatzes, wie
jedes universalverbindlichen Rechtssatzes, auf Gegenseitigkeit
angewiesen. Soweit die Sowjetunion ihn anerkennt, soweit sie
also etwa in der Region Europa auf die Unterstützung von Ter-
roristen und kommunistischen Umsturzbestrebungen verzich-
tet, verpflichtet das Völkerrecht auch den Westen, auf die Unterstützung von Gegengewalt gegenüber dem Ostblock zu verzichten. Soweit jedoch die Sowjetunion kommunistische »Befreiungsbewegungen« in der dritten Welt unterstützt und dies ausdrücklich für berechtigt erklärt (vgl. Art. 28 der Verfassung der
Sowjetunion vom 7. 10. 1977)[3], braucht auch der Westen nicht

---

1 Vgl. zu dem Beispiel der Contra in Nicaragua: M. Kriele, Nicaragua – das
blutende Herz Amerikas, Serie Piper 554, 4. Aufl. 1986, insbesondere Kapitel
III und V.

2 Dazu genauer unten S. 177 ff.

3 »Die Außenpolitik der UdSSR ist gerichtet... auf die Stärkung der Positionen
des Weltsozialismus, auf die Unterstützung des Kampfes der Völker um natio-

auf die Unterstützung wirklicher, also demokratischer Befreiungsbewegungen zu verzichten. Eine bloß einseitige Respektierung des Grundsatzes der Nichteinmischung durch den Westen zerstört von vornherein die Chance, die gegenseitige Respektierung zum Gegenstand von Verhandlungen und Vereinbarungen mit der Sowjetunion zu machen und verewigt somit die Völkerrechtswidrigkeit. Die Hoffnung, der Westen könne durch die »Vorleistung« seines »guten Beispiels« den Osten zum Nacheifern bewegen, beruht auf Vernachlässigung oder Verdrängung von dessen ideologischem Selbstverständnis und der mit ihm gemachten Erfahrung. Sie bedeutet eine Einladung an den Osten, fortzufahren wie bisher. Das Engagement für das Rechtsprinzip kehrt sich gegen sich selbst, wenn es zu einem Verzicht auf Politik führt.

Die einseitige Selbstbindung des Westens an einen vom Osten nicht anerkannten Grundsatz kann nur dazu führen, daß sich die sozialistische Gegenrevolution Schritt für Schritt vorarbeitet und die Demokratien ihrem Niedergang entgegengehen. Eine solche Einseitigkeit bewirkt die »wertbestimmende Zukunftserwartung«, daß der Sozialismus unaufhaltsam in der dritten Welt siegen werde, führt ihm Mitläufer zu und zerstört die Legitimitätsgrundlagen der demokratischen Verfassungsstaaten.

c) Schließlich macht es zwar keinen juristischen, aber einen moralischen Unterschied, ob eine völkerrechtswidrige Intervention zur Vernichtung oder zur Herstellung der demokratischen Selbstbestimmung eines Volkes führt. Dieses Problem kann man sich am Beispiel des Vergleichs von Afghanistan und Grenada anschaulich machen. Ob die amerikanische Intervention in Grenada überhaupt völkerrechtswidrig oder durch den Hilferuf des Gouverneurs völkerrechtlich gerechtfertigt war, ist zweifelhaft und umstritten und braucht hier nicht erörtert zu werden. Angenommen, sie sei völkerrechtswidrig gewesen, so müßte sich die dann berechtigte Entrüstung darüber mit der Genugtuung über die Herstellung der demokratischen Selbstbestimmung des gre-

nale Befreiung…«. Abgedruckt in: Verfassungen der kommunistischen Staaten, hg. von Georg Brunner und Boris Meissner, Paderborn 1980, S. 385 ff.

nadischen Volkes verknüpfen, während in Afghanistan zur Entrüstung über die Intervention noch die Empörung über die Vernichtung des Selbstbestimmungsrechts sowie über zahllose Kriegsverbrechen und Menschenrechtsverletzungen hinzutreten müßte. Wer Grenada als »Afghanistan-West« bezeichnet, um damit Ost und West auf die gleiche Stufe zu stellen, macht in Wirklichkeit gerade den Unterschied deutlich:

Die Bevölkerung Grenadas hat die Amerikaner dankbar als Befreier begrüßt (anstatt in den Kubanern Befreier und in den Amerikanern Imperialisten zu sehen, wie es die Mitläufer der sozialistischen Gegenrevolution gehofft hatten). Amerikanische Soldaten bewegten sich frei unter der Bevölkerung, wurden mit Freudenfesten gefeiert, umarmt und zu Gast geladen. In Grenada herrschen Frieden und Demokratie, die Amerikaner haben sich zurückgezogen, und die Bevölkerung ist für die Befreiung dankbar. Für Afghanistan gilt nichts Vergleichbares.

3. *Entwicklungshilfe* für Despotien ist nur dann gerechtfertigt, wenn sichergestellt ist, daß sie dem Volk und nicht den Machthabern zukommt. Das ist nur dann der Fall, wenn man das Geld nicht dem Staat oder seinen Organisationen zur Verfügung stellt oder überläßt, sondern konkrete Projekte kirchlicher oder anderer humanitärer Organisationen unterstützt und die Verwendung der Mittel bis zum letzten Pfennig in der Hand behält.

Ein Problem besonderer Art entsteht in Despotien, gegen die sich das Volk zu einem legitimen Widerstand erhoben hat. Hier bedeutet die Zuwendung von Entwicklungshilfe an den Machthaber, über dessen politische Unterstützung hinaus, daß wir dem Widerstand in den Rücken fallen, was gelegentlich sogar beabsichtigt ist – etwa in Chile, Paraguay oder Nicaragua. So wird zum Beispiel bei manchen Städtepartnerschaften mit Nicaragua das Aufkommen deutscher Steuerzahler unmittelbar den Kollaborateuren des Regimes zugewendet und setzt, selbst bei korrekter Verwendung, Mittel frei, die für die Unterdrückung des Volkes durch die Institutionen der Partei, des Militärs und der Terrorpolizei Verwendung finden können. Der humanitäre Gedanke der Entwicklungshilfe verkehrt sich in solchen Fällen in sein Gegenteil. Ein verantwortungsloser Journalismus, der uns über die Wirklichkeit sowohl des Terrors als auch des Widerstands irrezuführen versucht, stellt uns vor die moralische Aufgabe der Wachheit des Gewissens und des Durchschauens der Propaganda.

Wir tragen eine Mitverantwortung für die Überwindung von Armut und Unterdrückung in der ganzen dritten Welt. Die Menschen dort konnten häufig die Erfahrung einer hochentwickelten Rechtskultur noch nicht machen und ihr Rechtsgefühl nicht an ihr schulen und ausdifferenzieren. Das bedeutet nicht, daß ihnen der Anspruch der Unparteilichkeit an sich fremd wäre, wohl aber, daß sie eher geneigt sind, sich lethargisch und fatalistisch in den Unrechtszustand der Parteilichkeit zu ergeben. Manche wissen nicht, daß dieser keineswegs unvermeidlich, sondern überwindbar ist. Daher suchen politische Querulanten und Fanatiker in den westlichen Demokratien, deren Rechtsgefühl rudimentär geblieben ist, weil es sich nicht am Rechtswissen geschult hat, das Bündnis mit ihnen: sie reden ihnen ein, daß die »sogenannte Rechtskultur« der Demokratien nur ein parteilicher Trick der Ausbeutung und des Neokolonialismus sei. Auch sie appellieren an die Idee der Unparteilichkeit, deren Lebendigkeit sie auch in den Völkern der Entwicklungsländer mit Recht voraussetzen, und geben vor, aus dieser Idee heraus für sie als die Armen und Unterdrückten einzutreten. Unter Ausnutzung ihrer Unwissenheit leiten sie die Menschen irre und versuchen, sie zum Einsatz für die sozialistische Parteidiktatur zu überreden. Haben sie damit Erfolg, so lassen sie sie im Stich: sobald die Armen und Unterdrückten entdecken, daß sie hereingelegt und ihre Armut und Unterdrückung schlimmer geworden sind als zuvor, so erfahren sie zugleich, daß sie vergessen sind, daß die ihnen zuvor so heilig versprochene brüderliche Solidarität in Wirklichkeit nur ihren neuen Machthabern galt und sich nun anderen Völkern mit gleicher Absicht zuwendet.

Aber die natürliche Universalität des Kerns der Rechtsidee bewirkt, daß sie die Niederträchtigkeit des ihnen angetanen Unrechts und die Unwahrhaftigkeit der sozialistischen Propaganda zu durchschauen lernen. Wo immer es praktisch möglich ist, versuchen sie, sich zu wehren. Sie vertrauen – wenn auch oft vergeblich – auf die Solidarität des Teils der Menschheit, der selbst im Rechtszustand lebt und sich seiner mitmenschlichen Verantwortung bewußt ist. Sie nehmen jede Chance zum Widerstand und zur Befreiung durch Teilhabe an der demokratischen Weltrevolution wahr – oder warten auf diese Chance. Und sie werden niemals und unter keinen Umständen aufhören, auf diese irgendwann doch eintretende Chance zu hoffen. Die Tendenz, sie im Stich zu lassen, ist eine Erscheinungsform des Pazifismus als einer servilen Variante des Rechts des Stärkeren.

Ehe man den Widerstand unterstützt, ist gewiß sorgfältige Prüfung am Platze. Es mag immer gute pragmatische Gründe dafür geben, behutsam und zurückhaltend vorzugehen, Risiken und Erfolgschancen zu kalkulieren, Bedingungen für die Unterstützung des Widerstands zu stellen und ähnliches. Aber die prinzipielle Indifferenz gegenüber der Ausbreitung der sozialistischen Gegenrevolution in der dritten Welt, als ginge sie uns nichts an, ist nicht nur im Hinblick auf unser Eigeninteresse kurzsichtig. Sie korrumpiert uns auch moralisch, zwingt uns zur Unwahrhaftigkeit uns selbst gegenüber, um das schlechte Gewissen zu beschwichtigen, lähmt Mut und Tatkraft, zerstört unsere demokratische Selbstachtung und Solidarität und bringt uns in die Gefahr, die die Natur denen bestimmt hat, die, statt für Recht und Freiheit einzutreten, dem momentan Stärkeren durch Passivität zu Diensten sind: in die Gefahr des Verlustes von Freiheit und Würde.

III. Teil
Die demokratische Weltrevolution und der Friede

Kapitel 8
Menschenrechte und Friedenspolitik
– Die Lehre der Aufklärung

33 Der Zusammenhang von Menschenrechten und Friedenspolitik und seine Auflösung

Nach der Konzeption der Vereinten Nationen ist das Eintreten für die Menschenrechte ein wesentliches Element des Friedens. Die Allgemeine Erklärung der Menschenrechte vom 10. Dezember 1948 beginnt mit der Feststellung, daß »die Anerkennung der allen Mitgliedern der menschlichen Familie innewohnenden Würde und ihrer gleichen und unveräußerlichen Rechte die Grundlage der Freiheit, der Gerechtigkeit *und des Friedens* in der Welt bildet«. Ebenso wird in den Präambeln der beiden Menschenrechtspakte der UNO von 1966 die Anerkennung der Menschenrechte als »Grundlage des Friedens« bezeichnet.

Auch im Grundgesetz heißt es in Art. 1 II:

»Das deutsche Volk bekennt sich ... zu unverletzlichen und unveräußerlichen *Menschenrechten als Grundlage* jeder menschlichen Gemeinschaft, *des Friedens* und der Gerechtigkeit in der Welt.«

Bundespräsident Richard von Weizsäcker bezog sich in seiner Rede zum 8. Mai 1985 auf diese Verfassungsnorm und nannte sie »die Antwort der Demokraten auf Krieg und Gewaltherrschaft«.[1]

Und auch die christlichen Kirchen machten sich den Gedan-

---

1 Abgedruckt in: Der 40. Jahrestag der Beendigung des Krieges in Europa und der nationalsozialistischen Gewaltherrschaft, Gedenkstunde des Deutschen Bundestages und des Bundesrates, 8. Mai 1985, Hrsg. v. Deutschen Bundestag, Bonn 1985, hier S. 32.

ken des Zusammenhangs von Frieden und Menschenrechten zu eigen. Papst Johannes Paul II. faßte ihn lapidar zusammen: »Um dem Frieden zu dienen, achte die Freiheit.«[1]

Die Entspannungspolitik war ursprünglich an dem Gedanken der Einheit von Menschenrechtspolitik und Friedenspolitik orientiert. John F. Kennedy schrieb in »Der Weg zum Frieden«, es gehe darum, »die Sache der Freiheit der ganzen Menschheit und des Völkerrechts fördern zu helfen, die universelle Sache eines gerechten und dauernden Friedens«.[2] Freiheit und Völkerrecht galten als zwei Ausfächerungen desselben Grundgedankens und zusammen als Bedingung eines dauernden Friedens. So war ursprünglich auch die deutsche Ostpolitik konzipiert (jedenfalls soweit es nach außen erkennbar war). Die Schlußakte von Helsinki macht dieses Selbstverständnis deutlich, indem ihr ganzer III. »Korb« menschenrechtlichen Versprechungen gewidmet war und »Korb I«, Art. VII proklamierte: »Die Teilnehmerstaaten anerkennen die universelle Bedeutung der Menschenrechte und Grundfreiheiten, deren Achtung ein *wesentlicher Faktor für den Frieden* ... ist.« Der sowjetische Atomforscher Andrej Sacharow begründete und erklärte unermüdlich den Zusammenhang von Menschenrechten und Frieden[3] und wurde dafür 1975 mit dem Nobelpreis ausgezeichnet.

Als aber die von ihm unterstützten »Helsinki-Gruppen« sowjetischer Bürgerrechtler mit Straflager, Verbannung und psychiatrischer Behandlung verfolgt wurden und die Sowjetunion damit die westliche Reaktion testete, standen wir vor der Frage: Sollen wir die Testphase geduldig und beharrlich durchstehen oder zurückweichen? Ein großer Teil unserer Öffentlichkeit entschied sich für sofortiges unauffälliges Zurückweichen. Seit der Mitte der 70er Jahre wurde der Zusammenhang von Frieden und Menschenrechten immer deutlicher aufgelöst.

Ja, man meinte sogar, die Idee universaler Menschenrechte sei mit einer pragmatischen Friedenspolitik unvereinbar: sie führe

---

1 Ansprache zum Weltfriedenstag am 1. 1. 1981.
2 John F. Kennedy, Der Weg zum Frieden, 1960, S. 14.
3 Andrej Sacharow, Den Frieden retten!, Ausgewählte Aufsätze, Briefe, Aufrufe 1978–1983, Stuttgart 1983.

in den »Kalten Krieg«. Entspannung erfordere eine Selbstrelativierung der Legitimationsgrundlagen der Demokratien: Wir sollten es so ansehen, als seien die sogenannten Menschenrechte in Wirklichkeit nur Rechte der Westeuropäer und Amerikaner, nicht aber Rechte des Menschen an sich. Denn wir müßten die Fakten nehmen, wie sie seien. Eine kommunistische Partei könne von ihren marxistisch-leninistischen Denkvoraussetzungen her nicht anders, als auf ihrem ungeteilten und unbeschränkten Führungsanspruch zu bestehen, und die Sowjetunion könne von ihren Hegemonieinteressen her den osteuropäischen Völkern das Selbstbestimmungsrecht nicht gewähren. Faktum sei Faktum, Macht sei Macht, mit deren Ansprüchen wir uns endgültig abzufinden hätten. Das öffentliche moralische Eintreten für Menschenrechte hindere den Pragmatismus der Friedenspolitik.

Die Gegenthese lautet: dieses Eintreten sei nicht nur aus moralischen, sondern auch aus pragmatischen Gründen erforderlich, es sei unerläßliche Voraussetzung einer erfolgversprechenden Friedenspolitik.

Blicken wir 200 Jahre zurück – ins Zeitalter der Aufklärung. Europa bestand damals aus absolutistisch regierten Monarchien. Die Aufklärer erhoben dagegen rechtliche und moralische Einwände; sie forderten Gewaltenteilung, Menschenrechte, Demokratie. Ihnen wurde die Antwort zuteil, absolutistische Monarchien könnten von ihrem Selbstverständnis her ihre Souveränität weder teilen noch aufgeben. Sie könnten sich keinen rechtlichen Bindungen unterwerfen. Sie könnten keine Menschenrechte anerkennen, und sie könnten schon gar nicht Gewaltenteilung und Demokratie zulassen. Das sei nun einmal so!

Die Aufklärer antworteten, daß der Mensch von Natur einen Anspruch auf Freiheit und Würde habe. Zum Herrschen sei deshalb nur berechtigt, wer selbst das Rechtsprinzip anerkenne und die Staatsgewalt nach allgemeinen Gesetzen ausübe, nach Gesetzen, die die Freiheit und Würde des Menschen achten und nicht vergewaltigen. Es entspräche der Natur des Menschen, daß er sich auf Dauer nicht mit der Willkür der Staatsgewalt abfinden könne. Auch das sei nun einmal so!

Einer der größten und in der Welt geachtetsten Repräsentanten der politischen Aufklärung war Immanuel Kant. Manches, was er zu sagen hat, ist von verblüffender Aktualität.

34 Der »ewige« Friede bei Kant

In seiner Schrift »Zum ewigen Frieden«[1] aus dem Jahre 1795 entwickelte Kant sowohl die Bedingungen eines künftigen dauerhaften Weltfriedens als auch einige vorläufige Bedingungen des provisorischen Friedens. Der ewige Friede sei zwar eine »unausführbare Idee«, sagt Kant in der Metaphysik der Sitten, »nicht aber die politischen Grundsätze, die zur kontinuierlichen Annäherung zu demselben dienen«.[2] Die wichtigste Bedingung des provisorischen Friedens bestehe darin, die Bedingungen des ewigen Friedens anzustreben. Deshalb müssen wir uns zunächst diesem »ewigen Frieden«, der im Hintergrund als Fernziel aufleuchtet, zuwenden.

Kants sogenannter »erster Definitivartikel zum ewigen Frieden« lautet so: »Die bürgerliche Verfassung in jedem Staate soll republikanisch sein.«[3] Eine republikanische Verfassung ist im Sprachgebrauch Kants gekennzeichnet durch Gewaltenteilung.[4]

Kant lehrt also, daß ein *ewiger* Friede erst dann möglich sein wird, wenn alle Staaten Republiken sind, also eine gewaltenteilende Verfassung haben. Kant verweist zunächst auf die Abhängigkeit der Kriegserklärung von der demokratischen Zustimmung. »Wenn (wie es in dieser Verfassung nicht anders sein kann) die Zustimmung der Staatsbürger dazu erfordert wird, um zu beschließen, ob Krieg sein solle oder nicht«, so sei »nichts natürlicher, als daß, da sie alle Drangsale über sich selbst beschließen müßten..., sie sich sehr bedenken werden, ein so schlimmes Spiel anzufangen.«[5]

---

1 Kant, Zum ewigen Frieden, XI, S. 195–251.
2 Kant, Metaphysik der Sitten, VIII, S. 474; vgl. auch: Beschluß (S. 478): Wenn auch der Friede ein »frommer Wunsch bliebe, so betrügen wir uns doch gewiß nicht mit der Annahme der Maxime, dahin unablässig zu wirken«.
3 Kant, Zum ewigen Frieden, XI, S. 204.
4 Kant, a. a. O., S. 204, vgl. oben S. 33 m. w. N.
5 Kant, a. a. O., S. 205.

Nun ist es oft schwierig zu sagen, wer »das schlimme Spiel anfängt«. Immerhin hat Kants Gedanke zumindest einen berechtigten Kern. Offenkundig ist es so gut wie unvorstellbar, daß Demokratien in Westeuropa oder die USA, Kanada oder Australien ihre Konflikte untereinander kriegerisch lösen. Die Geschichte der europäischen Monarchien hingegen ist eine Geschichte der Kriege. Auch waren fast alle Kriege, in die die Demokratien des 20. Jahrhunderts verstrickt gewesen sind, Kriege mit Nichtdemokratien. Daß Demokratien einander bekriegen, ist natürlich nicht ausgeschlossen. Aber die entscheidende Weltgefahr liegt heute in Konflikten zwischen Demokratien und Nichtdemokratien oder zwischen Nichtdemokratien.

Es gibt aber noch einen tieferen Grund dafür, weshalb nur gewaltenteilende Republiken zu einem dauerhaften Frieden fähig sind. Der Frieden wird durch Völkerrecht gewährleistet, das, wie Kant sagt, »jedem Staat sein Recht sichert«.[1] An die Stelle des Naturzustands, der zwischen den Staaten herrscht, tritt dann die Achtung eines jeden freien Staates vor dem gleichen Recht eines jeden anderen Staates. Freiheit und Gleichheit jedes Staates, also die gegenseitige Unabhängigkeit von nötigender Willkür auch im zwischenstaatlichen Bereich, ist dasselbe Prinzip, das der republikanischen Verfassung zugrunde liegt, nämlich Freiheit und Gleichheit der Menschen, nur daß an Stelle der Menschen die Staaten getreten sind. Menschenrecht und Völkerrecht sind zwei Ausfächerungen ein und desselben Grundgedankens. Deshalb drängt sich die Schlußfolgerung auf: Nur eine Republik, die das Rechtsprinzip im Innern achten wird, wird es auch nach außen achten. Eine Despotie, die es im Innern nicht achtet, verweigert ihm die Anerkennung überhaupt und folglich dann auch im Völkerrecht. Insofern besteht ein innerer Zusammenhang zwischen Menschenrechtsgeltung und Völkerrechtsgeltung. Für das Menschenrecht eintreten heißt, für das Rechtsprinzip eintreten, das auch das allgemeine Völkerrecht trägt und umgekehrt: Die Idee des Rechts des Menschen bestreiten heißt, das Rechtsprinzip leugnen und damit auch die allgemeine Geltung des Völkerrechts in Frage stellen.

---

1 Kant, a. a. O., S. 212.

Aus der Einsicht, daß ein ewiger Friede erst möglich sein wird, wenn alle Staaten freie Republiken sind, folgt allerdings für Kant keineswegs die Forderung, sie gewaltsam zu Republiken zu machen. Vielmehr gibt Kant eine Reihe von Regeln, die auch schon zur Sicherung eines provisorischen, vorläufigen Friedens gehören. Insbesondere gilt nach Kant: »Kein Staat soll sich in die Verfassung und Regierung eines anderen Staates gewalttätig einmischen.«[1] Kant verwarf auch das Recht zu Aufruhr und gewalttätigem Widerstand, auch in der Despotie.[2] Er vertraute auf die Überzeugungskraft der Aufklärung und, wo man dieser nicht die nötige Freiheit lassen oder sich ihr widersetzen will, auf die schlimmen Erfahrungen, die dann unvermeidlich seien, und die auf dem Umweg über zerstörerische Kriege und Bürgerkriege die Achtung des Rechtsprinzips erzwingen würden.

Wenn Kant Befreiung mit Waffengewalt von außen oder innen zurückweist, so bedeutet das nicht, daß er bereit wäre, die Begriffe von Recht und Unrecht zu relativieren. Den Anhang seiner Schrift »Zum ewigen Frieden« widmet er vor allem der Auseinandersetzung mit den zynischen »politischen Moralisten«, die sich »eine Moral so schmieden, wie es der Vorteil des Staatsmanns sich zuträglich findet«.[3] In dieser »vermeintlichen Staatsklugheit aus gewalttätiger Politik und nachgiebiger Moral, die die Idee der Pflicht selbst vorsätzlich verfälscht oder als Pedanterie verächtlich macht«, sieht Kant »eine so ungeheure Verletzung der obersten in uns gesetzgebenden Gewalt, daß sie für die einzige gehalten werden muß, die, soweit wir urteilen können, weder in dieser noch in einer künftigen Welt vergeben werden kann«.[4]

So bestehen also das provisorische Arrangement mit dem Unrecht und das aufklärerische Streben nach Herstellung des Rechtszustands nebeneinander: »Wenn einmal Gebrechen in der

---

1 Kant, a. a. O., S. 199.
2 Vgl. oben §§ 30 f.
3 Kant, Zum ewigen Frieden, XI, S. 233.
4 Kant, a. a. O., S. 232.

Staatsverfassung oder im Staatenverhältnis angetroffen werden, die man nicht hat verhüten können, so sei es Pflicht, »dahin bedacht zu sein, wie sie, sobald wie möglich, gebessert, und dem Naturrecht angemessen gemacht werden könnten: sollte es auch der Selbstsucht Aufopferung kosten.«[1] Zwar ist es der Staatsklugheit zuwider, »zu fordern, jenes Gebrechen müsse sofort und mit Ungestüm abgeändert werden, aber daß wenigstens die Maxime der Notwendigkeit einer solchen Abänderung den Machthabern innigst beiwohne, um in beständiger Annäherung zu dem Zwecke (nämlich der nach Rechtsgesetzen besten Verfassung) zu bleiben, das kann doch von ihm gefordert werden«.[2]

Will man Kants Ethik in die Max Webersche Unterscheidung von Gesinnungsethik und Verantwortungsethik einordnen, so muß sie nach alledem als Verantwortungsethik gelten. Diese ist freilich etwas anderes als Zynismus, der heute mitunter als Verantwortungsethik ausgegeben wird. Der Gesinnungsethiker handelt aus ethischer Motivation ohne Rücksicht auf die Folgen; der Zyniker aus Folgenkalkül ohne Rücksicht auf ethische Maximen. Kant ist von beiden gleich weit entfernt. Allerdings hegt er für die Gesinnungsethiker eine gewisse Nachsicht. Er nennt sie »in der Ausübung fehlende, despotisierende Moralisten, die wider die Staatsklugheit durch übereilt genommene oder angepriesene Maßregeln mannigfaltig verstoßen«.[3] Doch fügt er hinzu, muß sie »die Erfahrung bei diesem Verstoß wider die Natur nach und nach in ein besseres Gleis bringen«. Die zynische »Beschönigung rechtswidriger Staatsprinzipien« hingegen müsse »unter dem Vorwand einer des Guten nicht fähigen menschlichen Natur... das Besserwerden unmöglich machen und die Rechtsverletzung verewigen«.[4]

Aber nicht nur das, diese »Beschönigung rechtswidriger Staatsprinzipien« dient auch dem Frieden nicht, sondern gefährdet ihn. Kant kannte bereits das heute wieder aktuelle Argument, wir müßten uns um des Friedens willen mit der Mißach-

---

1 Kant, a. a. O., S. 233.
2 Kant, a. a. O., S. 233.
3 Kant, a. a. O., S. 234.
4 Kant, a. a. O., S. 234f.

tung des Rechts abfinden, Pragmatismus bedeute Resignation vor dem Unrecht.

Er antwortete darauf: Wer die Absicht habe, »die Politik mit der Moral in Einverständnis zu bringen (z. B. den Frieden zu sichern), vereitelt doch seine eigene Absicht, wenn er die Grundsätze (des Rechts) dem Zweck (des Friedens) unterordnet«.[1] Vielmehr gilt, sagt Kant: »Trachtet allererst nach dem Reich der reinen praktischen Vernunft und nach seiner Gerechtigkeit, so wird euch euer Zweck, die Wohltat des ewigen Friedens, von selbst zufallen. Denn das hat die Moral Eigentümliches an sich..., daß, je weniger sie das Verhalten von dem vorgesetzten Zweck... abhängig macht, desto mehr sie dennoch zu diesem im allgemeinen zusammenstimmt«,[2] während, wer »die Grundsätze dem Zweck unterordnet (das ist, die Pferde hinter den Wagen spannt), so seine eigene Absicht vereitelt«.[3]

Es geht also um das Verhältnis von Grundsatz und Zweck, hier von Rechtsprinzip als Grundsatz und Friede als Zweck. Was von beiden ist vorrangig? Es gilt als Pragmatismus, den Frieden als unmittelbaren Zweck unter Hintanstellung von Rechtsgrundsätzen unmittelbar anzustreben. Darauf antwortet Kant: Dieses auf den ersten Blick so pragmatische Verhalten ist in Wirklichkeit gar nicht pragmatisch, sondern vereitelt die Zweckerreichung des Friedens, sei also, wie man heute zu sagen pflegt, kontraproduktiv. Die Annahme, man müsse sich mit dem Naturzustand nun einmal abfinden, weist Kant zurück, weil, wie er sagt, »eine solche verderbliche Theorie das Übel wohl gar selbst bewirkt, was sie vorhersagt«.[4] Heute würde man von »self-fulfilling prophecy« sprechen. Nur das rechtlich vermittelte, politische Handeln sei in der Lage, das Ziel des ewigen Friedens zu erreichen.

Kant unterscheidet also zwei verschiedene Verhaltensweisen in der Politik; die eine orientiert sich am Rechtsprinzip (Freiheit und Gleichheit der Menschen und der Staaten), die andere an der

---

1 Kant, a. a. O., S. 239.
2 Kant, a. a. O., S. 240.
3 Kant, a. a. O., S. 239.
4 Kant, a. a. O., S. 241.

durch Normen weder vermittelten noch begrenzten Zweck-Mittel-Relation. Der alles sich unterordnende Zweck ist entweder die Macht (bei den Mächtigen) oder der Friede (bei den Ohnmächtigen). Ein unmittelbar auf Frieden gerichtetes Zweck-Mittel-Denken läuft hinaus auf Servilität gegenüber der Macht. Diese aber dient dem Frieden nicht, sondern fordert den Mächtigen heraus, nach immer mehr Macht zu streben: Macht so viel wie möglich, nach innen und nach außen. Gegenüber dieser Spirale des Zusammenspiels von Macht-Zweckdenken und Friedens-Zweckdenken gibt es nur eine einzige realistische Chance, den Frieden zu sichern, nämlich die Geltendmachung des Rechtsprinzips im Inneren und im Äußeren, im Innern also das Menschenrecht der Unabhängigkeit von Willkür, deren erste Voraussetzung die Gewaltenteilung ist, nach außen die Gleichberechtigung und Unabhängigkeit der Staaten. Ist die allgemeine Achtung des Rechtsprinzips im Inneren und Äußeren einmal erreicht, dann wird sogar ein ewiger Friede möglich. Bis dahin müssen wir uns mit einem provisorischen, stets gefährdeten Frieden begnügen, der den Verzicht auf gewaltsame Änderung rechtswidriger Zustände erfordert. Aber auch diesem provisorischen Frieden dienen wir nur, indem wir die Bedingungen des ewigen Friedens unverrückbar ansteuern, also das öffentliche Rechtsbewußtsein wachhalten, Rechtsbrüche öffentlich anklagen, unseren Willen sichtbar machen, uns niemals und unter keinen Umständen innerlich mit ihnen abfinden, auch wenn wir sie äußerlich nicht ändern können.

36 Hegels Einwände gegen Kant

Hegel erhob gegen Kants Idee des ewigen Friedens zwei Einwände, erstens: der ewige Friede sei gar nicht wünschenswert, und zweitens: er sei auch unerreichbar.

Er sei erstens nicht wünschenswert, weil ein Krieg von Zeit zu Zeit nötig sei, um den Menschen aus dem bürgerlichen Egoismus herauszureißen: »Im Frieden dehnt sich das bürgerliche Leben mehr aus, alle Sphären hausen sich ein, es ist in der Länge ein Versumpfen der Menschen, ihre Partikularitäten werden immer fester und verknöchern.«[1] Hegel spricht von der »Fäulnis«, in welche »die Völker ein dauernder oder gar ein ewiger Friede versetzen würde«.[2]

Demgegenüber bedeute Krieg »die sittliche Gesundheit der Völker«,[3] den Zustand, »in welchem mit der Eitelkeit der zeitlichen Güter und Dinge, die sonst eine erbauliche Redensart zu sein pflegt, ernst gemacht wird«.[4] Er ist »hiermit das Moment, worin die Idealität des Besonderen das Recht erhält und Wirklichkeit wird«.[5]

Man wird Hegels Verabscheuung des ewigen Friedens mit Nachsicht zur Kenntnis nehmen, wenn man sich vergegenwärtigt, erstens, daß es sich um einen aus dem Altertum überlieferten Topos handelt, zweitens, daß diesem eine für uns Heutige vergleichsweise idyllische Vorstellung vom Kriege zugrunde lag, in dem es noch das heldenhafte Sichaufopfern einzelner für das Ganze gab, drittens, daß auch Hegel den Krieg nur als einen Ausbruch aus der Normalität des Rechtszustandes verstand, der nach Frieden strebt. Hegel hat das Kriegsvölkerrecht dadurch definiert, »daß darin die Möglichkeit des Friedens erhalten... werde«,[6] also »daß er nicht gegen die inneren Institutionen des feindlichen Staatslebens, noch gegen Privatpersonen geführt«,[7] daß »die Gesandten respektiert«[8] werden und daß man zu erkennen gibt, »daß nicht die Unterwerfung bezweckt wird«.[9] Für Hegel ist der Krieg »ein Vorübergehendes«.[10]

Dies alles aber ändert nichts daran, daß für uns Heutige die Voraussetzungen entfallen sind, unter denen man die Mög-

---

1 Hegel, IV, S. 733. Die Zitate beruhen auf Georg Wilhelm Friedrich Hegel. Vorlesungen über Rechtsphilosophie 1818–1831, Edition und Kommentar in sechs Bänden von Karl-Heinz Ilting, 1973/1974; zitiert jeweils nach Band- und Seitenzahl.
2 Hegel, II, S. 793.
3 Hegel, II, S. 793.
4 Hegel, II, S. 793.
5 Hegel, II, S. 793.
6 Hegel, I, S. 340.
7 Hegel, I, S. 341.
8 Hegel, I, S. 341.
9 Hegel, I, S. 341.
10 Hegel, III, S. 836.

lichkeit eines Krieges in Betracht ziehen konnte. Hegels Einwände gegen Kants Idee des ewigen Friedens beruhen auf der Idee des Opfers. Opfer bedeutet Hingabe eines Teils für das Ganze, etwa des einzelnen für das Vaterland. Die Ungeheuerlichkeiten moderner Waffentechnik, die auf Vernichtung ganzer Völker oder gar der Menschheit zielt, entziehen dem Opfergedanken die Grundlage. Während Hegel sagte: »Aus den Kriegen gehen die Völker gestärkt hervor«,[1] würden sie aus einem heutigen Krieg weder gestärkt noch überhaupt hervorgehen. Doch ist das ein neuer Einwand, der nicht die eigentliche Differenz zwischen Kant und Hegel betrifft.

Diese liegt im Verhältnis von moralischer und weltgeschichtlicher Perspektive. Für Kant ist der Krieg etwas Böses, und der Gang der Weltgeschichte besteht darin, daß sich das Böse gegenseitig selbst zerstört »und so dem (moralischen) Prinzip des Guten, wenngleich durch langsame Fortschritte, Platz macht«.[2]

Hegel dagegen hält es für »leeres Gerede, keine philosophische Idee, den Krieg für sich als etwas Unrechtes zu halten«.[3] Für Hegel ist die Weltgeschichte eine Geschichte des Fortschritts im Bewußtsein der Freiheit, obwohl sie ihren Weg über Morde und Völkermorde, Revolutionen, Unterwerfungen, Eroberungszüge und Grausamkeiten aller Art nimmt. Hegel gerät zumindest nahe an den Gedanken, daß, was weltgeschichtlich notwendig war, dadurch auch gerechtfertigt ist.

Indessen läßt sich das Ziel der Geschichte – das hat Hegel selbst klar ausgesprochen – erst im Rückblick erkennen. Was wir tun sollen, müssen wir aber im voraus wissen. Dieser Gesichtspunkt läßt sich am besten verdeutlichen, wenn man ihn ins Theologische wendet: Auch wenn Judas' Verrat heilsgeschichtlich notwendig und insofern von Gottes Willen umfaßt war, so war er dennoch verwerflich. Moralisch ist nicht, zu wollen, was Gott will, daß es geschehe, sondern das zu wollen, von dem Gott will, daß wir es wollen. Unsere moralische Anstrengung muß

---

1 Hegel, IV, S. 735.
2 Kant, Zum ewigen Frieden, XI, S. 242.
3 Hegel, IV, S. 734.

sich mit Realitätssinn und Verantwortung auf den Frieden richten, selbst wenn in weltgeschichtlicher Perspektive ein Krieg so notwendig sein sollte, wie dereinst die Sintflut oder der Untergang von Sodom und Gomorrha. In diesem Punkt behält Kant gegen Hegel recht.

Seinen zweiten Einwand – der ewige Friede sei nicht nur nicht wünschenswert, sondern auch unerreichbar – stützt Hegel auf zwei Argumente, einmal: Auch die Kantsche Weltföderation könne den Frieden nicht sichern, zum anderen könne es niemals zu dieser Weltföderation kommen.

Zunächst: Eine Weltföderation sei kein Staat, der den Frieden zwangsweise durchsetzen könne: »In Kant's Konzeption eines Völkerverbundes... gibt es keinen Prätor, höchstens Schiedsrichter und Vermittler zwischen Staaten... Die Kantsche Vorstellung eines ewigen Friedens durch einen Staatenbund... setzt die Einstimmung der Staaten voraus, welche auf moralischen, religiösen oder welchen Gründen und Rücksichten« und also »überhaupt immer auf besonderen souveränen Willen beruhen würde, und dadurch mit Zufälligkeit behaftet bliebe.«[1]

Das ist zwar richtig, aber Hegel hat Kant in einem wesentlichen Punkt mißverstanden. Er meinte, die »Heilige Allianz sei ungefähr so ein Institut wie Kants Völkerbund«.[2] Damit verkannte er, daß für Kant nur gewaltenteilende Republiken an diesem Völkerbund teilhaben können. Denn der ewige Friede ist geknüpft an die Bedingung der Ausbreitung einer politischen Weltzivilisation auf der Grundlage des Rechts im Inneren und Äußeren. Ein Krieg wäre dann ein Ausbruch aus der Normalität, ebenso wie das Verbrechen in einer Rechtsgemeinschaft: immer möglich, aber doch erheblich unwahrscheinlicher als im Naturzustand des Faustrechts.

Um so mehr Gewicht erhält Hegels zweites Argument, eine Weltföderation sei nicht erreichbar. Denn, so sagt er, »der Staat ist Individuum und in der Individualität ist die Negation wesentlich enthalten. Wenn also auch eine Anzahl von Staaten sich zu

<hr>

1 Hegel, II, S. 800.
2 Hegel, IV, S. 734 f.

einer Familie macht, so muß sich dieser Verein als Individualität einen Gegensatz kreieren,... sich einen Feind erzeugen.«[1]

Die Unerreichbarkeit des ewigen Friedens gesteht Kant zwar zu.[2] Ihn anzustreben aber ermögliche, daß sich die politischen, moralischen, religiösen und anderen Elemente, die Feindschaft erzeugen könnten, durch eine übergreifende Rechtsordnung relativieren und entschärfen ließen. Dadurch würden Individualität und Gegensätzlichkeit der Staaten nicht eingeebnet, aber aus dem Naturzustand der kriegerischen Feindschaft in den Rechtszustand des friedlichen Wettbewerbs übergeleitet.

Anschauliche Modelle sind zum Beispiel die Befriedung der jahrhundertelangen Konflikte zwischen der katholischen und der protestantischen Konfession, zwischen Monarchien und Demokratien, zwischen Nationalstaaten oder zwischen sozialen Gegensätzen. Die Befriedung gelang stets nur durch die beiderseitige Achtung eines beide Parteien übergreifenden, unparteilichen Rechts. Hegel hat zwar darin recht, daß es keine Garantie für die Achtung des Rechts und deshalb keine Garantie für den ewigen Frieden gibt. Kant aber hat darin recht, daß die allgemeine Bewußtwerdung des Rechtsprinzips und seine Niederlegung in einer föderativen Verfassung den Frieden zumindest wahrscheinlicher macht und daß es jedenfalls keine Alternative dazu gibt, diesen Weg wenigstens zu versuchen. Heute wäre die einzige Alternative zum ewigen Frieden auf der Grundlage des Kantischen Rechtsprinzips die ewige Unsicherheit der atomaren, bakteriologischen und chemischen Abschreckung, die alles Leben auf der Erde bedroht und zugleich Mittel bindet, die für die Entwicklung dringend benötigt würden.

Aber es bleibt die Frage: Behält Hegel gegen Kant nicht darin recht, daß eine universale Anerkennung des Rechtsprinzips unerreichbar bleibt – zumindest so lange, als die »sozialistischen« Staaten das Leninsche Prinzip der Parteilichkeit nicht hinter sich gelassen haben?

---

1 Hegel, IV, S. 735.
2 Vgl. oben S. 154 mit Fußnote 2.

Kapitel 9
Relativistische und realistische Entspannungspolitik

37 Die »sozialistische« Rechtsauffassung

Mit dieser Frage rühren wir an das Dilemma der Entspannungspolitik. Diese beruht auf der Hoffnung, daß der Weltkonflikt
zwischen Ost und West auf der Grundlage des Rechts befriedet
werden kann. In der Tat gibt es ja keinen anderen Weg zum Frieden als den der Achtung der Grundsätze und Normen des Völkerrechts. Das Dilemma der Entspannungspolitik besteht darin,
daß diese Achtung an die Anerkennung der Verpflichtungskraft
des Rechts überhaupt gebunden ist, daß aber der Streit um diese
Anerkennung oder Nichtanerkennung den Kern des Weltkon-
flikts ausmacht. Es geht zwischen Ost und West weder um bloße
Machtinteressen, noch um wirtschaftliche Interessen, noch um
religiöse, moralische, weltanschauliche, ethnische oder soziale
Gegensätze und auch nicht, entgegen dem Anschein, um den
Gegensatz zwischen sozialistischer und kapitalistischer Wirtschaftsform. Alle solchen Konflikte ließen sich prinzipiell durch
ein unparteiliches Recht befrieden. Es ist aber gerade die Geltung des Rechtsprinzips selbst, die Idee der Unparteilichkeit an
sich, die umstritten ist und um die es in der Auseinandersetzung
zwischen Ost und West letztlich geht.

Der alle Staatsgewalt sich unterordnende Führungsanspruch
der kommunistischen Parteien in den sogenannten sozialistischen Staaten bedeutet im Kant'schen Sprachgebrauch, daß die
Staaten nicht gewaltenteilende Republiken, sondern gewalten-
konzentrierende Despotien sind, daß folglich die Menschen
nicht im Rechtszustand der Freiheit leben, sondern eines anderen nötigender Willkür ausgeliefert sind. Versucht man den
letztlich entscheidenden Unterschied zwischen West und Ost

herauszuschälen, so ist es der zwischen einem auf Recht und einem auf Willkür gegründeten politischen System. Was man auch vorbringen mag, um die Unterschiede an Freiheit und Wohlstand, an wirtschaftlichen, sozialen, kulturellen Lebensbedingungen einzuebnen, also Schwächen des Westens herauszustellen und solche des Ostens zu beschönigen oder herunterzuspielen, dieser fundamentale Gegensatz ist nicht wegzuleugnen (oder jedenfalls nur mit sehr groben Mitteln polemischer Verdrehungskunst). Es geht nicht darum, ob das Recht auch im Westen in vielfältiger Weise gebrochen wird, sondern um die Anerkennung des Rechtsprinzips als Grundlage des politischen Systems und damit auch um die Anerkennung des Rechtsbruchs als eines Rechtsbruchs, der aufgedeckt, bereinigt und überwunden werden muß. Demgegenüber verfügt die Parteiführung in den sozialistischen Staaten über das Recht, ohne selbst an ein ihr von außen irgendwie vorgegebenes Recht gebunden zu sein. Ist sie aber an Recht nicht gebunden, kann sie auch nicht an Menschenrechte gebunden sein.

Ihre Nichtachtung der Menschenrechte haben die sozialistischen Staaten ausdrücklich abgesichert, und zwar in doppelter Weise, einmal innerstaatlich, einmal völkerrechtlich: innerstaatlich durch Verweigerung des gerichtlichen Rechtsschutzes, international durch den Vorbehalt staatlicher Souveränität.[1]

So stellt sich die Frage: Wie wirkt sich diese prinzipielle Nichtanerkennung des Rechtsprinzips auf das Völkerrecht aus? Die Sowjetunion hat sich ein eigenes Völkerrecht des »proletarisch-sozialistischen Internationalismus« zurechtgelegt.[2] Dieses unterscheidet zwei Typen von Völkerrecht. Eines gilt innerhalb der sozialistischen Staatengemeinschaft, ein anderes nach außen, also im Verhältnis zu westlichen und anderen Ländern.

Im Bereich der sozialistischen Staatengemeinschaft werden Grundsätze und Normen des allgemeinen Völkerrechts durch ein besonderes, sozialistisches Völkerrecht verdrängt. Insbesondere sind Souveränität und Gleichberechtigung der Staaten, das

1 Vgl. oben § 12.
2 Hierzu Theodor Schweisfurth, Sozialistisches Völkerrecht?, 1979, S. 365 ff., 542 ff.

Selbstbestimmungsrecht der Völker und auch das Gewaltverbot durch ein hegemoniales Interventionsrecht ersetzt (die sogenannte Breschnew-Doktrin). So sagt zum Beispiel der bekannte sowjetische Völkerrechtler Tunkin: »Das Prinzip des Nichtangriffs wird in den sozialistischen Staaten vom umfassenden Grundsatz des sozialistischen Internationalismus überdeckt.«[1] Und: »Zu behaupten, daß die Beziehungen zwischen den sozialistischen Ländern nur von den Grundsätzen des allgemeinen Völkerrechts realisiert werden müßten, heißt, auf die Linie der Unparteilichkeit herabgleiten und in den Sumpf des bürgerlichen Normativismus geraten.«[2]

Zum andern: Die friedliche Koexistenz zwischen sozialistischen und westlichen Staaten beruhe zwar auf der Grundlage des allgemeinen Völkerrechts. Dieses aber habe nur provisorischen Charakter für eine Übergangszeit. Das proletarisch-sozialistische Völkerrecht, das einstweilen nur zwischen den sozialistischen Staaten gelte, sei das vorweggenommene Völkerrecht der Zukunft. Es erhebe auf Dauer gesehen universalen Geltungsanspruch und dürfe und müsse schrittweise ausgedehnt werden, bis es zu einem sozialistischen Weltrecht geworden sei.

Hier bestätigt sich also die These Kants, daß Despotien das Völkerrecht nicht anerkennen können. Denn Staaten, die im Innern das Rechtsprinzip nicht gelten lassen, haben es überhaupt nicht akzeptiert und können es folglich auch im Äußeren nicht anerkennen. Sofern sie nach dem Völkerrecht handeln, tun sie das, wenn und soweit sie sich dazu genötigt sehen, insbesondere, weil sich die Rücksicht auf das Völkerrecht für sie als nützlich in ihrem gegenwärtigen Zweck-Mittel-Kalkül erweist. Dieser Gesichtspunkt trägt zwar verhältnismäßig weit: Auch die Sowjetunion hat Interesse daran, als vertragsfähig zu gelten, und hält deshalb nicht nur Handelsverträge, sondern bis zu einem gewissen Grade auch politische Verträge, aber stets nur unter dem Vorbehalt des Provisorischen und letztlich Unverbindlichen.

---

1 Grigorij I. Tunkin, Völkerrechtstheorie, 1972, S. 489.
2 Ebenda.

Es stehen sich also zwei schlechterdings unvereinbare Vorstellungen gegenüber, einerseits das Rechtsprinzip: Freiheit und Gleichheit der Menschen im Inneren und Freiheit und Gleichheit der Staaten im Äußeren. Andererseits der Machtzynismus: Despotie im Inneren – Hegemonie im Äußeren.

Kants These vom kriegerischen Charakter des Despotismus erweist seine Richtigkeit nicht nur am Imperialismus des nationalsozialistischen Deutschland, sondern auch an dem der kommunistischen Staaten. Beispiele bieten die sowjetische Einverleibung der baltischen Staaten und von Teilen Rumäniens, der Krieg gegen Finnland, der sowjetische Einmarsch in Polen im September 1939, die Annektierung der polnischen Ostgebiete, die Weigerung, sich nach dem Zweiten Weltkrieg aus den osteuropäischen Staaten zurückzuziehen, die chinesische Eroberung Tibets, der Angriff Nordkoreas auf Südkorea, der Angriff Nordvietnams auf Südvietnam, der chinesische Angriff auf Indien 1962, die militärische Niederwerfung der Volkserhebung in der DDR 1953, in Ungarn und Polen 1956, der chinesisch-vietnamesische Krieg, die sowjetisch-chinesischen Bedrohungen, der vietnamesische Eroberungskrieg gegen Kambodscha und Laos, die Übergriffe auf thailändisches Territorium, die Kriege in Äthiopien, in Angola, in Afghanistan. Der einzige kriegerische Angriff, der nach dem Zweiten Weltkrieg auf europäischem Boden geführt worden ist, war der der Warschauer-Pakt-Staaten gegen die Tschechoslowakei 1968. Er führte zwar nicht zu einer militärischen Gegenwehr, war aber im Rechtssinne ebenso eine kriegerische Aggression wie etwa der Einmarsch Hitlers in Dänemark, der auch nicht zu einer Gegenwehr geführt hat. Die Phrase: »Von deutschem Boden soll nie wieder Krieg ausgehen«, in der Bundesrepublik und DDR »übereinstimmen«, ist tief unwahrhaftig: Es ist schon Krieg ausgegangen; 1968 sind die Truppen auch von deutschem Boden aus in die Tschechoslowakei einmarschiert. Auch die militärischen Drohungen gegen Polen 1979 schlossen einen von deutschem Boden ausgehenden Grenzübertritt ein.

Hingegen ist es schwer, Beispiele dafür zu finden, daß Republiken im Kantschen Sinne – also die westlichen Demokratien – einen Krieg ausgelöst hätten. Es gibt zwar Beispiele –

insbesondere den Ersten Weltkrieg –, die zeigen, daß dies nicht völlig ausgeschlossen ist, aber es ist erheblich unwahrscheinlicher.[1]

Kants Argument ist also nicht etwa das der »Homogenität«, das heißt der Überwindung des Gegensatzes zwischen Demokratien und Despotien. Dieser Gegensatz wäre auch dann überwunden, wenn alle Staaten Despotien würden. Selbst wenn sie alle ideologisch gleichgerichtete, etwa sozialistische Despotien wären, wäre an Frieden nicht zu denken: die Hoffnung auf eine »Pax Sowjetica«, die der »Pax Romana« vergleichbar wäre, ist illusorisch.

Kant meinte, daß »ein seelenloser Despotismus, nachdem er die Keime des Guten ausgerottet hat, zuletzt doch in Anarchie verfällt«.[2] Homogenität als solche gewährleistet noch keinen Frieden; das tut vielmehr erst die Homogenität auf der Grundlage des Rechts. Ein Weltfriede auf der Grundlage eines Weltdespotismus kann also aus demselben Grunde nicht stabil sein, aus dem Despotien überhaupt nur durch Terror und Propaganda Bestand haben können: Stabilität gibt es nur auf der Grundlage rechtlicher Legitimität, und diese gibt es nur auf der Grundlage von Gewaltenteilung, Menschenrechten und Demokratie.

38 Die relativistische Entspannungskonzeption

Die Bedingungen des ewigen Friedens liegen in weiter Ferne; einstweilen müssen wir uns, jedenfalls zwischen Ost und West, mit einem provisorischen Frieden begnügen. So fragt sich: Sollen wir das Ziel des ewigen Friedens dennoch anstreben oder uns diese Hoffnung als illusorische Utopie aus dem Kopf schlagen?

---

1 Werner Becker, Der Streit um den Frieden, 1984, S. 35 f., macht die Gründe dafür an Beispielen anschaulich.
2 Kant, Über den Gemeinspruch..., XI, S. 225. Kant hatte freilich noch nicht die modernen Formen des totalitären Despotismus vor Augen. Sie verzögern den Verfall in Anarchie, indem sie den Zynismus des Machtprinzips bis zum Äußersten treiben. Wir sind Zeugen eines welthistorischen Experiments, das zeigen wird, wie lange ein System ohne Bindung an Recht und Ethos, gegründet nur auf Nötigung, Einschüchterung und Lüge wird bestehen können.

Kants Annahme war, daß wir den provisorischen Frieden in dem Maße sicherer machen, in dem wir die Bedingungen des ewigen Friedens, also die Verbindlichkeit des Rechtsprinzips im Inneren und Äußeren, unverrückbar ansteuern.

Die dem entgegengesetzte Annahme läßt sich etwa so zusammenfassen: Entspannung setze voraus, daß man den Streitgegenstand neutralisiere. Wenn es im Ost-West-Konflikt gerade um die Verbindlichkeit des Rechtsprinzips gehe, müsse man also diesen Streitgegenstand neutralisieren, das heißt sich unparteilich über ihn erheben, einen Metastandpunkt jenseits von Recht und Unrecht, jenseits des Gegensatzes von Demokratie und Despotismus einnehmen, also einen dritten, übergeordneten Gesichtspunkt, der die beiden einander entgegengesetzten konfliktträchtigen Ideologien relativiere, entschärfe, ihrer Dynamik entledige und dadurch »entspanne«. Wenn die Bedingungen des ewigen Friedens nur durch die demokratische Weltrevolution herbeizuführen seien und wenn die Dynamik dieser Revolution Spannungen auslöse, so müßten wir dieses Fernziel und diese Dynamik eben aufgeben. Die Koexistenz von Demokratien und Despotien sollten wir nicht nur als provisorischen Frieden, sondern als Endstufe des je erreichbaren ewigen Friedens akzeptieren.

Die Verfechter der relativistischen Entspannungskonzeption fordern deshalb, der Westen solle dem Osten gegenüber Vertrauen entwickeln, unabhängig davon, ob es begründet oder unbegründet ist und ob von einer Vorleistung an Vertrauen positive Resonanz zu erwarten ist – Vertrauen sei gut an sich. Damit verhindert man, daß die Bedingungen entstehen können, unter denen Vertrauen wirklich begründet wäre. Man verändert statt der Wirklichkeit seine Innerlichkeit: Man will in sich selbst »Feindbilder abbauen«, ein psychologischer Prozeß der Selbstdisziplinierung. Mit dessen Gelingen ist das Bewußtsein der uns entgegengebrachten Feindschaft überwunden; diese selbst besteht freilich fort wie zuvor.

In dem Maße, in dem uns diese Selbstmanipulation des Bewußtseins gelingt, werden die Feindbilder auf die Regierungen unserer westlichen Verbündeten projiziert, wie wenn eine Wippe umschlägt: Der Freund steht in Moskau, der Feind in

Washington. Anscheinend gilt in der politischen Psychologie ein Gesetz, demzufolge man Feindbilder nicht abbauen, sondern nur verschieben kann. Diese Verschiebung polarisiert zugleich die Innenpolitik in den Demokratien: diejenigen, die sich der Drehung der Freund-Feind-Achse um 180 Grad widersetzen, werden aus einem geachteten demokratischen Gegner zum gehaßten Feind.

Die Weisen aller Zeiten lehrten: Die Grundlage des Friedens ist die Gerechtigkeit, die Grundlage der Gerechtigkeit ist die Wahrheit, und zu ihr gehören die Klärung moralischer Begriffe und die wahrheitsgemäße Information über alle relevanten Sachverhalte. Seit der Mitte der 70er Jahre soll das nicht mehr gelten. An die Stelle der Klärung des Rechtsbegriffs tritt die Relativität zwischen Recht und Willkür, zwischen demokratischem Verfassungsstaat und Parteidiktatur, zwischen West und Ost, die als prinzipiell gleichwertig gelten sollen.

Selektive Information und selektive Entrüstung stützen diesen Relativismus: Unrecht und Mißstände im Westen werden so intensiv wie möglich ins öffentliche Bewußtsein gehoben und mit Zorn und Hohn kommentiert; solche im Osten weniger zur Sprache gebracht und als eine Gegebenheit dargestellt, die wir rational zu verarbeiten, das heißt mit der wir uns abzufinden haben. Der Sinn dieses Verfahrens ist, das moralische Gefälle zwischen West und Ost im Bewußtsein unserer Öffentlichkeit einzuebnen. Es soll der Eindruck entstehen, als ob Achtung oder Mißachtung von Menschenrecht und Völkerrecht »systemunabhängig« seien.

Dieser Meta-Standpunkt jenseits von Recht und Unrecht soll aus folgendem Grunde um des Friedens willen erforderlich sein: Die Anerkennung der völkerrechtlichen Gleichberechtigung der Staaten und des territorialen Status quo genügten nicht, um den Frieden durch Verhandlungen zu fördern; hinzutreten müsse ein Verhandlungsklima des Respekts und des Vertrauens, möglichst sogar der Herzlichkeit und Freundschaft. Zu diesem Zweck müsse man »Feindbilder abbauen« und eine »Vertrauenskultur« entwickeln, die sich unabhängig von Enttäuschungen und Rückschlägen, von praktischen Erfahrungen und theoretischer Einsicht verselbständigen und ohne Bedingung und Vorbehalt stabilisieren müsse. Dies aber könne nur gelingen, wenn zwei Voraussetzungen gegeben seien:

Erstens müsse die relativistische Entspannungsmentalität aufrichtig sein und nicht nur als praktische Handlungsmaxime gelten, vielmehr auch unser theoretisches Verständnis der politischen Gegebenheiten in Ost und West durchdringen.

Zweitens genüge es nicht, daß die politisch verantwortlichen Staatsmänner allein von dieser neuen Entspannungsmentalität erfaßt seien; diese müsse auf die gesamte Gesellschaft ausgedehnt werden. Vor allem müßten sich Kirchen, Wissenschaft, Parteien, Gewerkschaften, Jugendverbände, vor allem aber die Intellektuellen und die Medien dafür engagieren. Auf diese Weise könne man die Spirale des gegenseitigen Mißtrauens, der Rüstung und der Spannungen zwischen Ost und West durchbrechen. Alles andere müsse zurückstehen: negative Rückwirkungen auf die Orientierung der dritten Welt, auf das Legitimitätsbewußtsein unserer Jugend, auf Wahrhaftigkeit und Menschlichkeit. Selbst das moralische und christliche Gewissen sollen sich künftig nicht mehr in erster Linie an Recht und Wahrheit orientieren, sondern an der funktionalen Frage, ob eine Aussage oder Handlung der Entspannung diene oder nicht.

Wer an der prinzipiellen Menschenrechts- und Völkerrechtsverachtung der sozialistischen Staaten Anstoß nimmt und sich innerlich statt mit den Machthabern mit den Opfern solidarisiert, vertrete noch die überholte Idee des gleichen Rechts der Menschen und Staaten, die aus sich heraus so wenig verständlich sei, daß sie nur noch durch psychologische Analyse zu erklären sei.[1]

---

1 So meint zum Beispiel Horst-Eberhard Richter, Anti-Kommunismus erkläre sich aus denselben Motiven wie Hexenverfolgung und Antisemitismus, nämlich aus Leidensabwehr durch projektiven Haß und archaisch-magische Phantasien (Der Gotteskomplex, Reinbek 1979, 7. Kap.).

Indes: Die Menschheitsbedrohung durch Hexen oder durch das Weltjudentum waren Wahnideen. Ist die Menschheitsbedrohung durch die Mißachtung von Völkerrecht und Menschenrecht auch nur eine Wahnidee? Die sowjetischen Psychiater nehmen das an und erklären sich gegenüber den sowjetischen Bürgerrechtlern für zuständig, so etwa Dr. Vartanjan, der zu den diesjährigen Friedensnobelpreisträgern gehört. Dieser Preis wurde u. a. von Dr. Tschasow

Die großen Philosophen, die in den 70er Jahren den jahrtausendealten Zusammenhang von Friede, Recht und Wahrheit als Irrtum entlarvt und den Meta-Standpunkt jenseits von Recht und Unrecht als Bedingung des Friedens vorgedacht haben, haben sich selbst so viel Distanz bewahrt, daß sie gelegentlich durchaus zugeben, es handele sich um eine Strategie der Lüge um des Friedens willen. So meint zum Beispiel Carl Friedrich von Weizsäcker: »Eine Politik, welche die Welt in Gut und Böse einteilt und welche die größte Macht, mit der zusammenzuleben unser Schicksal ist, als Haupt der Bösen ansieht, ist selbst dann keine Friedenspolitik, wenn ihre moralischen Urteile richtig sind.«[1]

Müssen wir uns wirklich um des Friedens willen vor richtigen moralischen Urteilen hüten? Es geht natürlich zwischen Ost und West nicht um Gut und Böse, aber doch um die prinzipielle Anerkennung oder Nichtanerkennung des Rechtsprinzips. Sollen wir uns also vor dem Urteil hüten, daß die Ostblockmächte das Rechtsprinzip gleicher Freiheit der Menschen und Staaten nicht gelten lassen, sondern vom Machtzynismus der Parteilichkeit ausgehen, obwohl dieses Urteil richtig ist? Wenn wir Falsches zur Grundlage unserer Erwartungen und unseres politischen Kalküls machen, kann das nur in Enttäuschung und Rückschläge führen.

Offenkundig ist es dies, was Präsident Reagan mit dem Satz hat zum Ausdruck bringen wollen, »the focus of the evil«, das Zentrum des Übels – er meinte in diesem Zusammenhang die kommunistische Weltrevolution – liege in Moskau. Es stiftet nur Verwirrung, wenn man diesen Satz so kommentiert, als habe er gesagt, der Westen sei gut, der Osten sei böse. So lehrt zum Bei-

---

entgegengenommen, stellvertretender Gesundheitsminister der Sowjetunion, als solcher mitverantwortlich für den Mißbrauch der Psychiatrie, und Mitglied des ZK der KPdSU, als solcher mitverantwortlich für den Krieg in Afghanistan. Dr. Tschasow hat den Träger des Friedensnobelpreises von 1975, Sacharow, wegen der von diesem vertretenen These des Zusammenhangs von Menschenrechten und Friedenspolitik öffentlich diffamiert. Die Anhänger der relativistischen Entspannungskonzeption haben an der Verleihung des Friedensnobelpreises an Leute dieser Art nichts Anstößiges finden können.

1 »Die Zeit«, Nr. 13 vom 26. 3. 1982, S. 10.

spiel Franz Alt: Wer meine, der Westen sei gut, der Osten sei schlecht, der leide an »moralischer Überheblichkeit gegenüber Andersdenkenden«, ihm »fehlt jede Selbsterkenntnis«.[1] Natürlich ist der Westen nicht »gut«: Wir sind normale Menschen, eingespannt in den ewigen Kampf zwischen Gut und Böse. Zu unserer Normalität gehört freilich auch, daß sich der Unterschied zwischen Gut und Böse, zwischen Recht und Unrecht in den Maßstäben unserer Rechts- und Verfassungsordnung und unseres moralischen Urteilens niedergeschlagen hat. Niemand hat die Meinung vertreten, der Westen sei »gut« an sich. Indem man dies aber unterstellt und als absurd anprangert, soll es zugleich als absurd erscheinen, wenn man den Machtzynismus der Parteilichkeit als »böse« bezeichnet. Die Technik der geistigen und moralischen Verwirrung besteht darin, das Falsche, das man dem Bewußtsein einträufeln will, so mit Richtigem zu mischen, daß man sich die Zustimmung, die dem Richtigen gewährt wird, für das Falsche erschleicht.

39 Drei Grundregeln

So stehen sich gegenwärtig zwei Grundkonzeptionen der Friedenspolitik gegenüber: Friede durch Relativierung oder im Gegenteil durch Betonung der Rechtsidee. Im polemischen Sprachgebrauch der Relativisten ist es der Streit zwischen »Kaltem Krieg« und »Entspannung«, zwischen »Falken« und »Tauben«; in Wirklichkeit ist es der Streit zwischen realistischer und relativistischer Entspannungspolitik. Um diese beiden Konzeptionen geht der Streit nicht nur in der Innenpolitik, sondern auch innerhalb der westlichen Gemeinschaft. Diese ist sich zwar einig im Ziel der Entspannung, nicht aber immer in der Frage, ob Entspannung mit dem Eintreten für die Rechtsidee der demokratischen Weltrevolution oder im Gegenteil mit ihrer Relativierung einhergehen müsse. Die Spannungen haben mitunter das atlantische Bündnis ernstlich belastet, sie könnten im

---

1 Franz Alt, Frieden ist möglich, 1982, S. 65 u. 78.

Extremfall zum Bruch, konkret: zum Rückzug der USA aus Europa, führen.

Beide Konzeptionen gehen von der völkerrechtlichen Gleichberechtigung der Staaten aus. Die Wege trennen sich bei der Frage, ob daraus der Schluß auf die politisch-moralische Gleichwertigkeit der Systeme zu ziehen ist. Die klassische westliche Friedenspolitik verneint dies, nicht nur, weil dieser Schluß logisch unbegründet ist, sondern auch, weil er die Chancen einer Stabilisierung des Friedens beeinträchtigt. Die relativistische Entspannungskonzeption meint hingegen, wir müßten es so ansehen oder uns zumindest so verhalten, als ob die Mißachtung der Menschenrechte eine gleichwertige »andere« Auffassung von Politik sei.

Beide Konzeptionen gehen von dem Grundsatz aus, daß wir Frieden halten müssen mit dem Gegner, den wir haben und wie er sei. Die relativistische Konzeption folgert dann aber: Wenn der Gegner das Rechtsprinzip verleugne, so dürften wir gar nicht mehr versuchen, ihn davon abzubringen, sondern müßten Unparteilichkeit walten lassen auch noch zwischen dem »westlichen« Rechtsprinzip der Unparteilichkeit und dem östlichen Prinzip der Parteilichkeit: wir müßten ganz unparteilich einen Standpunkt jenseits von Unparteilichkeit und Parteilichkeit einnehmen. Das ist jedoch unmöglich, denn damit hebt sich der Anspruch der Unparteilichkeit selbst auf und weicht der Anerkennung der Parteilichkeit – also der Unterwerfung unter das »Recht des Stärkeren«. Diese Dialektik ist unentrinnbar, darin liegt das Dilemma der relativistischen Entspannungsmentalität. Mit der Idee eines überparteilichen Rechts kann man sich über alle politischen Gegensätze erheben – über konfessionelle, wirtschaftliche, soziale, nationale, ideologische, und diese dadurch neutralisieren, nur über einen Gegensatz nicht: den der Geltung oder Nichtgeltung eines überparteilichen Rechts selbst. Gleichwertigkeit von Anerkennung und Nichtanerkennung des Rechtsprinzips heißt, das Rechtsprinzip eben nicht anerkennen.

Man kann logischerweise nicht sagen: Jeder Staat ist völkerrechtlich gleichberechtigt, ausgenommen Polen, Bulgarien, Afghanistan und so weiter. Immanuel Kant sagt: »Man kann hier nicht das Mittelding eines pragmatisch bedingten Rechts (zwischen Recht und Nutzen) aussinnen«[1] und »das Verschlingen eines kleinen Staates, wenn dadurch ein viel größerer, zum vermeintlich größeren Weltbesten, gewinnt, für eine leicht verzeihliche Kleinigkeit... halten« (1795)[2]. Tut man das doch, so beeinträchtigt man die Chance, daß die Grundsätze und Normen des Völkerrechts allmählich universale Anerkennung finden, und zerstört damit nicht nur die Hoffnung auf den »ewigen Frieden«, sondern auch die Bedingung des provisorischen Friedens.

Eine vernünftige Friedenspolitik erfordert deshalb, von der Verstiegenheit des Meta-Standpunktes jenseits von Recht und Unrecht zurückzukehren und sich einiger Grundsätze der politischen Aufklärung zu erinnern, wie sie uns Immanuel Kant gelehrt hat.

Erstens müssen wir unterscheiden zwischen theoretischer und praktischer Vernunft, zwischen der Frage nach dem, was wahr ist, und der, was vernünftigerweise zu tun ist. Der Friede erfordert weder die Selbstvernebelung des theoretischen Denkens noch des moralischen Gewissens und schon gar nicht die systematische, pädagogische und publizistische Irreführung der jungen Generation. Die theoretische Vernunft wieder in ihr Recht einzusetzen bedeutet als erstes die Bewußtmachung des Gegensatzes zwischen Demokratien und Parteidiktaturen, zwischen Menschenrechten und ihrer Funktionalisierung im Dienst unumschränkter Herrschaft, zwischen Anerkennung und Nichtanerkennung der Grundsätze und Normen des Völkerrechts, zwischen West und Ost.

Zweitens müssen wir innerhalb der praktischen Verhaltenslehre unterscheiden zwischen den in der Außen- und Deutschlandpolitik verantwortlichen Staatsmännern und der übrigen Gesellschaft. Die ersteren müssen Zurückhaltung walten lassen. Sie wahren diplomatische Formen und Gepflogenheiten, sie verhandeln in entspannter Atmosphäre, sie brauchen dem anderen nicht »die Wahrheit zu sagen«, sie schlucken herunter, was sie empfinden, wenn sie Tyrannen und Usurpatoren die Hand geben; das verlangt ihr Amt. Die Bevölkerung ist intelligent genug,

1 Kant, Zum ewigen Frieden, XI, S. 244.
2 Kant, a. a. O., S. 249.

die Notwendigkeit dessen zu verstehen; sie bedarf dazu nicht der künstlichen Indoktrinierung mit der relativistischen Entspannungsmentalität.

Wenn indessen Publizisten, Pädagogen, Wissenschaftler, Prediger, Gewerkschafter, Parteipolitiker, Literaten und andere sich wie kleine Außenminister gebärden, so ist dies nicht nur Ausdruck von Unwahrhaftigkeit und Immoralität, sondern auch Ausdruck einer politischen Unklugheit von katastrophalem Ausmaß. Was soll dann sowjetische Machthaber noch zu zivilisiertem Verhalten motivieren?[1]

In Frankreich ist es heute fast selbstverständlich, daß, wenn der sozialistische Staatspräsident einen sowjetischen Staatsmann empfängt, Mitglieder der demokratischen sozialistischen Partei vor der sowjetischen Botschaft für Menschenrechte demonstrieren. Sie machen damit offenbar, daß friedliche Entspannungspolitik nicht Servilität des Geistes voraussetzt, sondern mit Würde und aufrechtem Gang vereinbar ist. »Die Wahrheit wird euch frei machen« (Joh. 8,32).

Drittens: Aber auch was die diplomatische Zurückhaltung der Staatsmänner angeht, so gilt es, den Despoten gegenüber die Würde zu wahren, die aus dem Bewußtsein erwächst, anders als jene von einem freien Volk in freien Wahlen in ihr Amt berufen zu sein und kein Blut an den Händen kleben zu haben. Gesten inniger Freundschaft und Herzlichkeit sind nicht nur ein Stilfehler, sondern ein politischer Fehler, und zwar in doppelter Hinsicht: Einmal lassen uns diese Gesten als naive und leicht zu manipulierende Partner erscheinen, denen man keine substantiellen

---

1 Ein Beispiel: Beim Tode Andropows mußte der Bundespräsident die Bundesrepublik mit allen Formen des Beileids repräsentieren. Wenn aber große Teile der westlichen Presse Andropows »Vernunft« und »Mäßigung« lobten und kaum erwähnten, daß er das ungarische Volk niedergeworfen, seine politischen Führer überlistet und ermordet, in seiner Heimat den Mißbrauch psychiatrischer Anstalten zur Knechtung des Geistes erfunden, das polnische Volk mit Krieg bedroht, das afghanische mit Krieg überzogen und dabei völkerrechtswidrige Kampfmittel eingesetzt hat und mutmaßlich hinter dem Attentat auf den Papst stand, so mußte das in Moskau als Ermutigung wirken, in gleichem Geiste fortfahren zu dürfen, ohne sich international zu diskreditieren.

Zugeständnisse zu machen braucht, die im Gegenteil bei genügender Festigkeit zu immer neuen Nachgiebigkeiten zu gewinnen sind. Zum anderen haben diese Gesten Rückwirkungen auf das öffentliche Bewußtsein im Inneren: Sie tragen dazu bei, vergessen zu machen, mit wem wir es zu tun haben und wer unsere wahren Freunde sind. Das gilt um so mehr bei Politikern, die in westlichen Hauptstädten mit auftrumpfendem Protest auftreten anstatt als kritische Freunde, in östlichen hingegen mit servilen Vertrauensbekundungen anstatt in Zurückhaltung und Würde. Was auf den ersten Blick nur als Stilfehler erscheint, vermag in seinen Konsequenzen das gesamte innen- und außenpolitische Koordinatensystem der Bundesrepublik in ihrem Verhältnis zu West und Ost zu verschieben und die Chancen des Weltfriedens ernstlich zu beeinträchtigen.

40 Menschenrechte und Einmischung in innere Angelegenheiten

Beide Konzeptionen der Friedenspolitik stimmen überein im Gewaltverzicht und der Anerkennung des territorialen Status quo. Außenpolitik muß – auch nach Kant – die Souveränität der Staaten auch dann respektieren, wenn die Herrschaft despotischen Charakter hat und die Menschenrechte mißachtet. Denn die erste Bedingung des Friedens ist die Universalität des Völkerrechts, das jeden Staat, der effiziente Herrschaft ausübt, einschließen muß.

Die Wege trennen sich bei der Frage, ob deshalb auch die politische und moralische Forderung nach Respektierung des Menschenrechts und des Völkerrechts preiszugeben ist.

1. Im Hinblick auf die Forderung nach Menschenrechten ist die Grenze des völkerrechtlich Zulässigen die »*Einmischung in innere Angelegenheiten*«. Dieser Begriff wird in Art. 6 der Schlußakte von Helsinki genau umschrieben. Danach verpflichten sich die Teilnehmerstaaten, sich wechselseitig jeder »bewaffneten Intervention oder ihrer Androhung, jeder militärischen, politischen, wirtschaftlichen oder sonstigen Zwangsmaßnahmen sowie der direkten oder indirekten Unterstützung terroristischer, subversiver oder anderer auf den gewaltsamen Umsturz

des Regimes gerichteter Tätigkeiten zu enthalten«.[1] Wesentlich daran ist dreierlei.

Erstens: Verpflichtete sind die *Staaten* (also nicht freie gesellschaftliche Kräfte, Presse, Medien, Gewerkschaften, Verbände).

Zweitens sind sie verpflichtet, sich der Gewalt oder der *Zwangsmaßnahmen* zu enthalten (also nicht der Informationen, öffentlichen Meinungsäußerungen, Verbreitung durch Rundfunk und andere Publikationsmittel oder dergleichen).

Und drittens ist *subversive Tätigkeit* und ihre Unterstützung verboten. Subversive Tätigkeit ist eine solche, die auf den *gewaltsamen* Umsturz des Regimes gerichtet ist. Das betrifft also nicht eine Bürgerrechtsbewegung, die von ihrem Regime die Einhaltung der Menschenrechte oder der Schlußakte von Helsinki verlangt. (Hingegen ist die östliche Unterstützung westlicher kommunistischer Parteien, solange diese ihrerseits den gewaltsamen Umsturz der Demokratie zum Ziele haben, eine völkerrechtliche Einmischung in unsere inneren Angelegenheiten.) Das Gewaltsamkeitskriterium ist entscheidend.

Danach ist es keine Einmischung in innere Angelegenheiten, wenn unsere Medien über die Zustände in der Sowjetunion und den von ihr unterjochten Ländern wahrheitsgemäß und ohne Beschönigung berichten, wenn unsere Kirchen ihre Solidarität mit den Armen und Unterdrückten auf die im Sozialismus Verfolgten erstrecken, wenn unsere Pädagogen die Jugend über die staatsrechtlichen Bedingungen eines menschenwürdigen Lebens unterrichten, wenn unsere Rundfunkanstalten den Menschen im Ostblock Informationen vermitteln, wenn Politiker im diplomatischen Umgang mit despotischen Machthabern ein gewisses Maß an Würde und Distanz bewahren, wenn Demonstranten vor sowjetischen Einrichtungen auf die Verletzung von Menschenrechten hinweisen, kurz: wenn Demokraten demokratische Selbstachtung zeigen und sich die moralische Forderung zu eigen machen, daß der Mensch als Mensch in seiner Würde und Freiheit zu respektieren ist. Der Verzicht auf diese Selbstachtung

---

1 Schlußakte der Konferenz über Sicherheit und Zusammenarbeit in Europa vom 1. August 1975 (BTDr. 7/3867); abgedruckt bei Kriele, Die Menschenrechte zwischen Ost und West, a. a. O., S. 133 ff.

ist weder eine Forderung des Völkerrechts noch ein Erfordernis aktiver Friedenspolitik, sondern freiwillige Selbstzensur westlicher Demokraten und damit Ausdehnung der Herrschaftsmacht sowjetischer Zensur in unser Staatsgebiet hinein.

2. Im Hinblick auf die Forderung nach Einhaltung des Völkerrechts ist die Grenze des Zulässigen ebenfalls die Gewalt. Sowjetische Völkerrechtsbrüche – wie der militärische Einmarsch in Ungarn 1956, in die Tschechoslowakei 1968 oder in Afghanistan 1979 – erlauben uns nicht, den unterjochten Völkern mit militärischen Mitteln zu Hilfe zu kommen. Wir sind jedoch nicht verpflichtet, auf solche Völkerrechtsverbrechen mit Gleichgültigkeit zu reagieren, als seien sie keine Menschheitssache, sondern eine Angelegenheit der jeweils betroffenen Staaten, die uns nichts angehe.

Denn wenn die Anerkennung des Rechts die Grundlage des Friedens ist, dann bedeutet das, daß sich diejenigen, die das Rechtsprinzip nicht anerkennen wollen, doch dazu werden bequemen müssen. Wenn jemand das Recht anderer Menschen und Völker offen mißachtet und verletzt, so ist die an und für sich natürliche Reaktion, daß er sich moralisch und politisch unmöglich macht, sich diskreditiert und international isoliert, während Akte der Respektierung des Rechts, seien sie auch taktisch bedingt, Ermutigung und Bestärkung erfahren. Alles, was erforderlich wäre, ist, diese dem Menschen natürliche und moralisch an sich selbstverständliche Reaktion nicht künstlich in sich zu unterdrücken, sondern wohlüberlegt und wohldosiert zum Ausdruck zu bringen und diplomatisch zu nutzen.

Die Verfechter des Meta-Standpunktes jenseits von Recht und Unrecht hingegen lehren, daß wir Unrecht »rational verarbeiten« müßten, und verstehen darunter, daß wir jedes Aufflackern moralischer Reaktion in uns zum Schweigen zu bringen hätten. Es gibt indessen keinen anderen Weg, die sowjetischen Machthaber allmählich daran zu gewöhnen, daß sie sich ebenso wie alle anderen auch in das Recht einzufügen haben, als durch Ausnutzung ihres Bedürfnisses nach gesellschaftlicher und moralischer Achtung in der internationalen Öffentlichkeit. Wenn diese Achtung von keinerlei Bedingungen mehr abhängt, so können sie nicht die Erfahrung machen, daß das Rechtsbewußtsein zur Natur des Menschen gehört und unaufgebbar ist und daß man ihm Rechnung tragen muß, will man ein moralisch voll anerkanntes Mitglied der Menschen- und Staatengemeinschaft werden.

3. Menschenrechtsgeltung und Völkerrechtsgeltung begegnen sich, wo Menschenrechte zum Inhalt völkerrechtlicher Verträge, Grundsätze und Normen geworden sind. So sind sie Gegenstand der Menschenrechtspakte der UNO von 1966, die auch die Ostblockstaaten ratifiziert haben. Sie sind Gegenstand der Schlußakte von Helsinki; diese enthält zwar keine unmittelbar verbindlichen Vereinbarungen, sondern nur Absichtserklärungen, die sich aber gegenseitig bedingen: Den Zusagen der westlichen Staaten im Hinblick auf Fragen der Sicherheit und der wirtschaftlichen und wissenschaftlichen Zusammenarbeit entsprechen die Zusagen der Ostblockstaaten im Hinblick auf Menschenrechte in Korb I, Art. 8, und auf menschliche Erleichterung in Korb III.

Die Menschenrechte sind ferner zum Gegenstand völkerrechtlicher Grundsätze und Normen geworden, insbesondere durch die Allgemeine Erklärung der Menschenrechte der UNO vom 10. Dezember 1948. Die Achtung vor den Menschenrechten ist heute nicht mehr nur eine innere Angelegenheit von Staaten, sondern eine durch das Völkerrecht international verbindlich gemachte Menschheitssache.

Wenn wir internationale Verträge schließen, nachher aber nicht darauf pochen, daß sie auch eingehalten werden, so entziehen wir einer Vertragspolitik die Grundlage und zerstören die Möglichkeiten wirklicher Entspannung. Wir können aber nicht darauf vertrauen, daß unser Vertragspartner die Verbindlichkeit der Verträge achtet, wenn wir ihm den Vertragsbruch als eine gleichwertige »andere Möglichkeit« zugestehen. Entsprechendes gilt für alle anderen Grundsätze und Normen des Völkerrechts: Wenn auf ihrer Verletzung überhaupt keine Sanktion ruht – weder politisch noch wirtschaftlich noch wenigstens symbolhaft-moralisch, wenn sich keinerlei internationale Entrüstung über den Vertragsbruch offenbart und am Ende auch gar nicht mehr vorhanden ist –, was soll dann denjenigen, der die Verbindlichkeit des Rechts für sich selbst prinzipiell nicht gelten läßt, noch motivieren, sich allmählich doch zur Respektierung des Rechts zu bequemen?

Kapitel 10
Die kontraproduktive Wirkung der Friedensbewegung

41 Wie die Friedensbewegung die Nachrüstung herbeizwang

Der Friede ist wesentlich eine Sache des Völkerrechts, welches, wie Jürgen Habermas sagt, »innovativer Anstöße«,[1] ja eines »unerhörten evolutionären Schubs« bedarf, »um jenem internationalen Rechtsfrieden, der Kant vorgeschwebt hatte, näherzukommen«.[2] Und: »Gegenüber der pubertären Fantasie, Freund-Feind-Verhältnisse außerrechtlich zu ritualisieren, ist der energische Versuch eines ersten Schritts zur effektiven Verrechtlichung des Naturzustandes zwischen den Staaten der pure Realismus. Was sonst?«[3] Besser kann man nicht ausdrücken, worum es heute geht.

Völkerrecht entsteht durch die gemeinsame Rechtsüberzeugung der Staatengemeinschaft, die sich niederschlägt in internationalen Übereinkünften, in der allgemein als Recht anerkannten Übung und in den allgemein anerkannten Rechtsgrundsätzen. So kann es zum Beispiel zu einer völkerrechtlichen Ächtung der Atomwaffen und ihrer Kontrolle nur kommen, wenn sich die Nuklearmächte darauf einigen.

In eigentümlichem Gegensatz dazu meint Jürgen Habermas aber, »daß die Ächtung von Massenvernichtungswaffen als ein erster Schritt zur Abschaffung des skandalösen Naturzustandes auch dann ein legitimes Ziel ist, wenn es zunächst durch einsei-

---

1 Jürgen Habermas, Recht und Gewalt – ein deutsches Trauma, Merkur Nr. 423, 1984, S. 27.
2 Habermas, a. a. O., S. 28.
3 Habermas, a. a. O., S. 27.

tige Schritte angestrebt werden muß«.[1] Was heißt »erster Schritt« und »zunächst«? Wenn ich diesen Satz nicht völlig mißverstehe, so besagt er: Der erste Schritt werde gerade nicht beidseitig aufgrund von völkerrechtlichen Vereinbarungen getan; er bestehe vielmehr darin, daß der Westen einseitig seine Vernichtungswaffen ächtet. Den zweiten Schritt müßte dann, ebenso einseitig, die Sowjetunion tun. Und wenn sie ihn nicht tut?

Unsere offizielle Politik geht von der Annahme aus, daß einseitige Abrüstungsschritte ohne völkerrechtlich gesicherte Gegenseitigkeit das atomare Drohpotential der Sowjetunion irreversibel machen. Die einzige Chance, es abzubauen, bestehe darin, daß die Sowjetunion irgendwann einmal die ausgestreckte Hand der Verhandlungsbereitschaft ergreift und sich auf substantielle, die gegenseitige Sicherheit wirklich gewährleistende Vereinbarungen einläßt. Das werde sie aber erst tun, wenn sie sich endgültig davon überzeugt habe, daß die erhoffte Alternative aussichtslos sei und es in ihrem eigenen Interesse liege, sich in eine völkerrechtlich gesicherte Weltfriedensordnung einzufügen.

Die Option einseitiger Schritte und die Option beiderseitiger Vereinbarungen, die der Philosoph in seiner Brust vereinigt, schließen sich in der politischen Wirklichkeit gegenseitig aus. Wir stehen am Scheideweg und müssen wählen. Wer auf Frieden und Sicherheit durch völkerrechtliche Vereinbarungen setzt, für den gibt es zwar Spielraum für einseitige Durchforstung seines militärischen Potentials, er kann auch im Rahmen der Verhandlungen einmal kalkulierte Vorleistungen erbringen, nicht aber vorab einseitige Schritte tun oder in Aussicht stellen, die der Sowjetunion das Motiv zu Zugeständnissen nehmen oder ihr gar die Hoffnung auf atomar gestützte Weltherrschaft eröffnen. Und umgekehrt: Wer auf einseitige Schritte setzt, für den können verdorbene Verhandlungschancen kein überzeugendes Gegenargument sein; er muß sie in Kauf nehmen. Diese beiden westlichen Optionen blokkieren sich aber nicht nur gegenseitig: Ihre Rivalität ist der Motor, der zugleich die Rüstungsrivalität zwischen Ost und West antreibt und unaufhaltsam macht und so die Gefahr zugleich erhöht und perpetuiert.

---

1 Habermas, a. a. O., S. 26.

Einseitige Schritte würden die Kriegsgefahr allenfalls dann vermindern, wenn sie radikal und konsequent zur einseitigen atomaren Totalabrüstung und damit zur politischen Kapitulation des Westens führten. Dieser Möglichkeit mag man in Holland und der Bundesrepublik Chancen geben – für England, Frankreich, die USA ist sie auszuschließen. Diese Option kann also, politisch gesehen, nur zur Spaltung und Schwächung des Westens führen. Diese aber provozieren sehr leicht politische Fehlkalküls, mehr oder weniger offene ultimative Drohungen, Prestigeverstrickungen oder die Versuchung, vollendete Tatsachen zu schaffen – also die typischen Kriegsursachen, wie sie den Zweiten Weltkrieg, den Korea-, Vietnam-, den Falkland-Krieg und viele andere Kriege ausgelöst haben.

Auf beiderseitige Schritte aber läßt sich die Sowjetunion nicht ein, solange sich ihre Doppelstrategie aus Drohung und Propaganda bewährt und ihr sogar die Aussicht auf »einseitige Schritte« eröffnet. Solange es aber nicht zu effizienten Vereinbarungen über bessere Kontrolle oder womöglich den Abbau der Atomwaffen kommt, bleibt die Gefahr des unabsichtlichen Raketenabschusses bestehen – durch Radar- oder Computerfehler, Mißverständnisse, menschliches Versagen oder ähnliches. Dieses von der Friedensbewegung gegen die Nachrüstung eingewandte Argument gilt für das gesamte atomare Weltpotential einschließlich des sowjetischen und spricht deshalb eher gegen als für einseitige Schritte, die dieses irreversibel machen.

Während die »einseitige Option« also in eine ausweglose Sackgasse führt, hat die »Völkerrechtsoption« wenigstens reelle Chancen. Sie wurde aber erst dann realisierbar, als sich – für die Sowjetunion überzeugend – erwiesen hat, daß sie sich innenpolitisch endgültig durchzusetzen vermag.

Um die Gesichtspunkte, die für die eine oder die andere Option sprechen, weiter aufzuhellen, blicken wir zunächst noch einmal auf das Jahr 1983 zurück. Hätte die Friedensbewegung mit etwas Glück erstens die Nachrüstung abwenden und zweitens dadurch den Rüstungswettlauf durchbrechen oder gar in einen »Abrüstungswettlauf« umkehren können? Denn man kann ihr fairerweise nicht das Scheitern eines Versuchs zurechnen, wenn dieser ernsthafte Chancen hatte und andere ihn zunichte gemacht haben.

Es war immerhin denkbar, daß sich im Bundestag unter dem Eindruck von Großdemonstrationen, Meinungsumfragen und Widerstandsaktionen keine Mehrheit für die Nachrüstung gefunden hätte. Von daher erscheint es folgerichtig, daß die Friedensbewegung alles daransetzte, die Wahrscheinlichkeit dieser Chance zu erhöhen.

Wenn diese Chance bestand, bestand sie freilich auch für die Sowjetunion und eröffnete ihr die Aussicht, daß der Westen die angedrohte Nachrüstung möglicherweise gar nicht werde realisieren können. Je wahrscheinlicher dies dank der Initiativen der Friedensbewegung erschien, desto geringer ihr Interesse an den Genfer Verhandlungen. Sie hat sich immerhin erst unter dem Eindruck des NATO-Doppelbeschlusses – und nur unter seinem Druck – zu Verhandlungen über ihr Mittelstreckenpotential bereit gefunden. Also hätte der Westen auch mit seinem Versuch, durch Festigkeit ein möglichst günstiges Kompromißangebot herbeizuführen, Erfolg haben können. Nunmehr aber mußte sich die Sowjetunion fragen: Warum einen Preis für etwas bezahlen, das man vielleicht umsonst bekommt? Also verweigerte sie substantielle Zugeständnisse, steigerte die atomare Bedrohung West-Europas weiter und machte folgende Erfahrung: Je dreister sie den Anspruch erhob, West-Europa einseitig mit Mittelstrecken-Raketen bedrohen zu dürfen, desto mehr wuchs bei uns der Druck auf die Amerikaner, ihrerseits nachzugeben. Also sah sie sich zu völliger Unnachgiebigkeit ermuntert.

Eben damit aber zwang sie die Verantwortlichen im Westen, die für den Fall sowjetischer Unnachgiebigkeit angedrohte Nachrüstung zu vollziehen. Denn die Alternative wäre gewesen, sich zum Spielball sowjetischer Drohung und Propaganda und inneroppositionellen Drucks zu machen und sich für die Zukunft aller Glaubwürdigkeit und Verhandlungsfähigkeit zu begeben – mit katastrophalen Folgen für die weitere Friedens- und Abrüstungspolitik auf allen Ebenen. So erwies sich die Strategie der Friedensbewegung als kontraproduktiv: sie zwang die Nachrüstung, die sie abwenden wollte, geradezu herbei.

War das nötig? Daß es vorhersehbar war, ergibt sich schon aus der Tatsache, daß es vorhergesagt worden ist. Jürgen Habermas zufolge konnte es freilich realistischerweise gar nicht darum gehen, »die Aufstellung der geplanten Raketen zu verhindern, sondern der konservativen Regierung klarzumachen, daß eine Nach-Nachrüstung in der Bundesrepublik nicht mehr durchzusetzen ist«.[1] Daß man dies zugleich der Sowjetregierung klarmacht, versteht sich von selbst und brauchte von Habermas in der Tat nicht erwähnt zu werden, obschon dieser Nebeneffekt natürlich, politisch gesehen, der entscheidende ist.

Wenn dies das Selbstverständnis der Friedensbewegung aussagt, so schickte diese sich an, das Ritual zu wiederholen und die Verhandlungschancen auch für die Zukunft zu verderben. Sie fand sich nicht nur mit Vorrüstung und Nachrüstung ab, sondern ermunterte die Sowjetunion geradezu zu einer weiteren Runde der Vorrüstung. Und warum? Nach Habermas, um erst dann, wenn all dieses atomare Drohpotential stabilisiert ist, durch einen einseitigen Nach-Nachrüstungsverzicht »den Ausbruch aus der fatalen Logik des Rüstungswettlaufs« zu versuchen.[2]

Eine Aussage in die politische Sprache übersetzen, heißt, nicht auf die erklärten Absichten, sondern auf die voraussehbaren Wirkungen blicken. Solange die Sowjetunion aus Friedensaktionen, Manöverbehinderungen und Sabotage in der Bundesrepublik den Schluß zog, daß eine Nach-Nachrüstung möglicherweise nicht mehr durchsetzbar sein könnte, konnte sie ihre Rüstung steigern und sich Verhandlungen entziehen.

Warum schiebt die Friedensbewegung Argumente dieser Art, die ja so schwer nicht einzusehen sind, beiseite? Sie argumentiert: Die Stützung der westlichen Verhandlungsposition hätte zwar möglicherweise die Nachrüstung abgewendet, die sowjetische Bedrohung reduziert und die Bahn frei gemacht für die kleinen Schritte weiterer mühsamer Ost-West-Verhandlungen, wie sie seit Jahrzehnten geführt werden, ohne aber bisher den Rü-

---

1 Habermas, a. a. O., S. 15.
2 Habermas, a. a. O., S. 15.

stungswettlauf wirklich aufhalten oder umkehren zu können. Vielleicht könnte aber ein moralischer Akt der Vorleistung ein Vertrauensklima ohne Bedrohungsvorstellungen und Feindbilder schaffen und die Sowjetunion zum einseitigen Abbau auch ihrer Atomrüstung bewegen. Daß eine solche positive Wirkung großmütiger Vorleistungen möglich sei, sei nicht nur christliche Lehre, sondern eine allgemeine Erfahrung, durch Psychologie und Pädagogik vielfältig bestätigt. Es gelte, diese Erfahrung auch in der Weltpolitik fruchtbar werden zu lassen, auf die Menschlichkeit der Menschen, die schließlich auch das Sowjetsystem regierten, zu setzen, die Jahrtausende alte Gewöhnung an eine rein politische Denkweise angesichts der apokalyptischen Atomdrohung endlich hinter uns zu lassen und auf die alles verwandelnde Wirkung des Moralischen zu vertrauen.

In der Tat: Sobald die westlichen Regierungen ihre Handlungsfähigkeit und damit ihre Verhandlungsfähigkeit endgültig erwiesen haben, kann es unter Umständen politischen Sinn haben, wenn sie der Sowjetunion eine überraschende Vorleistung erbringen, vorausgesetzt, daß sie weder von innen noch von außen dazu genötigt sind und es nur aus dem Grunde tun, um die Spirale des Mißtrauens und der Abschreckung zu durchbrechen. Ein moralischer Akt, der in Freiheit aus moralischen Gründen erfolgt, kann jedenfalls prinzipiell und unter bestimmten Umständen moralische Reaktionen auslösen. Solange aber der Eindruck bestehen muß, der Rüstungsverzicht sei das Ergebnis einer Nötigung von innen und außen, kann dieser Verzicht unmöglich als moralischer Akt wirken. Die Sowjetunion hätte ihn unausweichlich als Zeichen der Schwäche und Erpreßbarkeit der westlichen Regierungen gedeutet und sich in ihrer Ansicht bestätigt gesehen, sie könne durch ihre Doppelstrategie von atomarer Drohung und Friedenspropaganda die innenpolitische Opposition in den Demokratien manipulieren und auf diese Weise die westlichen Regierungen indirekt in den Griff kriegen. Diese waren gezwungen, sich erst einmal an dieser zweiten, inneren Front als handlungsfähig zu erweisen, um die Voraussetzungen für äußere Verhandlungserfolge herzustellen.

Wie aber, wenn der Nachrüstungsverzicht den westlichen Regierungen nicht abgenötigt, sondern von ihnen selbst freiwillig beschlossen wird? Sollen wir darauf setzen, daß eine von der Friedensbewegung beeinflußte Bundesregierung, ein von ihr beeinflußter Präsident der USA gewählt wird? Die sowjetische Verweigerung von Verhandlungen, die Verschlechterung der Menschenrechtslage und der deutsch-deutschen Kontakte, die Revanchismus- und Militarismus-Kampagnen mochten vielleicht auch dem Zweck dienen, die politische Großwetterlage zwischen Ost und West bewußt zu verschlechtern, um im Westen ein innenpolitisches Klima neuer Nachgiebigkeit langfristig und gründlich vorzubereiten. So erwies sich die bloße Aussicht auf eine »neue Stufe der Entspannung« schon vorab kontraproduktiv.

Um die Chancen einer neuen Stufe der Entspannung richtig einzuschätzen, müssen wir uns zunächst erinnern, daß ein moralischer Impuls der Vorleistung in unserer Ost-Politik – vor allem in der Ära Brandt – behutsam zwar, aber doch deutlich lebendig gewesen ist. Er hat der damaligen Bundesregierung oft genug den Vorwurf mangelnder Geduld und Verhandlungshärte und einseitiger Zugeständnisse ohne adäquate Gegenleistungen eingebracht. Die Bundesregierung wollte aber bewußt ein Klima des Vertrauens in unsere Friedfertigkeit und damit eine Vorbedingung für erfolgversprechende Einzelverhandlungen schaffen. Sie wollte dem Osten die Überzeugung vermitteln, daß wir wirklich und aufrichtig »andere Deutsche«, ein »Volk der guten Nachbarn« (Brandt) geworden sind.

Tatsächlich ist es bei den Völkern Ost-Europas, insbesondere den Polen, gelungen, ein neues Vertrauensklima zu schaffen. Die ost-europäischen Machthaber hingegen haben in nüchternem Kalkül die sich bietenden politischen und wirtschaftlichen Vorteile akzeptiert, unsere Hoffnungen auf menschliche Erleichterungen weitgehend enttäuscht, Kurz- und Mittelstrecken-Raketen mit atomaren Mehrfach-Sprengköpfen auf uns gerichtet und ein gewaltiges weiteres atomares Drohpotential in Auftrag gegeben. Die Produktionszeit von Atomraketen beläuft sich nach einer Faustregel der Experten auf zehn bis zwölf Jahre. Die in den Jahren 1984 bis 1986 gegen uns in Stellung gebrachten Waffen sind also weder die Antwort auf die Nachrüstung noch auf die Friedensbewegung, sondern auf die Ost-Verträge und auf Helsinki.

Offenkundig ist die Sowjetunion damals zu der Einschätzung

gelangt, wir hätten das politische Denken verlernt und seien reif für die Einschüchterung, die uns gefügig machen und vom Westen abkoppeln werde: der weltpolitisch entscheidende Durchbruch im Kräfteverhältnis zwischen Ost und West. Unser Fehler lag nicht in den Vorleistungen an sich, sondern in den sie begleitenden politischen und psychologischen Fehleinschätzungen von Mentalität und Strategie der sowjetischen Außenpolitik.

Was wäre gewesen, wenn die Sowjetunion stets überzeugt gewesen wäre, daß sie sich von ihrem neuen atomaren Drohpotential politisch gar nichts versprechen kann, sondern sich lediglich zu den gewaltigen Kosten unnötige politische Schwierigkeiten einhandelt? Dann hätte sie sich wahrscheinlich in die unvermeidlichen machtpolitischen Realitäten gefügt und sich jedenfalls eher zu einer Politik des Vertrauens und der Zusammenarbeit bereit gefunden. Hätten wir (der Verfasser eingeschlossen) dies rechtzeitig und radikal genug durchdacht, so hätten wir schon Anfang und nicht erst Mitte der 70er Jahre die Konsequenz gezogen, daß unsere ausgestreckte Hand nur Chancen hat, ergriffen zu werden, wenn wir auf Drohung und Dreistigkeit empfindlich und mit Würde und Festigkeit reagieren. Vielleicht wären wir dann in der Entspannung erheblich weiter fortgeschritten. Daß wir statt dessen zu einseitig auf die moralische Wirkung unseres aufrichtig guten Willens vertraut haben, hat sich als kontraproduktiv erwiesen.

Die Erfahrung hat bestätigt, was wir früher schon einmal gewußt, aber in den 70er Jahren vor lauter Friedfertigkeit vergessen oder verdrängt haben: daß die sowjetischen Führer Gefangene einer beschränkten Ideologie und eines entsprechenden politischen Systems und zu zynischen Reaktionen verurteilt sind. So, wie sie sich im Inneren nicht auf freie Wahlen, also auf das Vertrauen der Bevölkerung stützen, sondern auf Mittel der Einschüchterung und des Zwangs, so verlassen sie sich auch nach außen – soweit es ihnen irgend möglich erscheint – nicht auf Vertrauen und Zusammenarbeit mit friedliebenden Nachbarn, sondern auf militärisches Drohpotential und Propaganda. Das Drohpotential wird gewaltiger und die begleitende Propaganda dreister, als sie geworden wären, wenn wir von vornherein einen klaren Kopf behalten und unseren Willen zur politischen Selbstbehauptung deutlicher sichtbar gemacht hätten.

Worin könnte die »neue Stufe der Entspannung« bestehen? Zur Diskussion stehen einseitige westliche Rüstungsverzichte und die Aufkündigung der atlantischen Solidarität. Ferner könnten wir den Ostdeutschen und den Berlinern die deutsche Staatsbürgerschaft aberkennen (im polemischen Sprachgebrauch heißt das: »die DDR-Staatsbürgerschaft anerkennen«, was wir aber schon im Grundlagenvertrag getan haben), und die Fürsorgepflicht für die in Ost-Europa lebenden Deutschen aufgeben. Wir könnten die Fernperspektive der »offenen deutschen Frage« preisgeben und den Westmächten zu verstehen geben, daß wir auf ihren Schutz Berlins keinen Wert mehr legen. Wir könnten die Ansprüche der Sowjetunion auf Ost-Europa nicht nur rechtlich, sondern auch moralisch anerkennen, jede Solidarität mit den Verfolgten in Ost-Europa preisgeben, auf Berichte über ihre Schicksale noch konsequenter verzichten und, wie die Finnen, Flüchtlinge ausliefern und die Ausfuhr von Bibeln in die Sowjetunion mit Strafe belegen.

Wir könnten unsere Verfassungsprinzipien weiter relativieren, zu einer »westlichen Ideologie« herabstufen und der Sowjetunion ein »anderes« Demokratie- und Menschenrechtsverständnis zubilligen, welches allein zu ideologischer Offensive berechtige. Wir könnten noch mehr Vertrauen entwickeln, noch gründlicher Feindbilder abbauen, Kritik am sowjetischen System, seiner Geschichte und Strategie noch radikaler aus Medien und Schulbüchern verbannen.

Zugleich könnten wir noch konsequenter Feindbilder im Westen aufbauen, den Briten, Franzosen und Amerikanern noch undankbarer und mißtrauischer begegnen. Unsere Medien könnten über östliche Staatsmänner noch respektvoller, über westliche noch höhnischer berichten. In der dritten Welt könnten wir alle Not dem Westen anlasten und die Etablierung irreversibler leninistischer Diktaturen unterstützen. Wir könnten jegliche Anspielung auf etwaige Unvollkommenheiten kommunistischer Machtausübung mit sofortigem Themenwechsel beantworten und uns die Lehre zu eigen machen, daß imperiales Vorherrschaftsstreben und Menschenrechtsmißachtung hauptsächlich westliche Probleme seien.

Haben wir dann endlich Entspannung und Frieden? Erfordert ein konsequenter Pragmatismus die bewußte Hintanstellung von Wahrheitsliebe und von demokratischer Würde und Selbstachtung? Letztere haben wir als ehemaliges Herrenmenschenvolk ohnehin gründlich eingebüßt. Befähigt uns nicht eben dieser Verlust, unsere Friedensinteressen nun ohne jeden Einschlag so naiver und antiquierter Emotionswerte rational zu kalkulieren? So gesehen, könnte uns der westliche Vorwurf der Servilität gegenüber der Sowjetmacht statt mit Scham mit Überlegenheitsgefühl erfüllen: Wenn konsequente Servilität der Weg zum Frieden ist, könnten wir in ihr nicht einen ganz neuartigen Ansatz für unser nationales Selbstbewußtsein finden, ja, der übrigen Welt darin Vorbild und Lehrmeister sein?

Die Sowjetunion wird zu der Überzeugung kommen, daß sich ihre Doppelstrategie aus Drohung und Propaganda bewährt hat und daß sie auf demselben Wege weiterschreiten muß, um das Kräfteverhältnis zwischen Ost und West endgültig zu ihren Gunsten zu wenden. Folgende Effekte sind vorhersehbar:

1. Die Sowjetunion verliert endgültig ihr Interesse an Verhandlungen, die Fortschritte auf dem Wege zu einem effizienten Friedensvölkerrecht bringen könnten.

2. Die atomare Bedrohung West-Europas durch die Sowjetunion mit allen ihren Gefahren wird irreversibel.

3. Das Kriegsrisiko durch politisches Fehlkalkül wächst und wird ebenfalls irreversibel.

Blicken wir noch weiter voraus: Wir könnten alsdann auf die Idee verfallen, uns auf einer »dritten Entspannungsstufe« der sowjetischen Atomdrohung dadurch zu entziehen, daß wir uns in irgendeiner Form dem Schirm der Pax Sowjetica unterstellen. Doch dann droht eine neue Gefahr. Der Westen könnte über unseren Verrat so empört sein und darin eine so entscheidende Verschlechterung des Kräfteverhältnisses zwischen Ost und West erblicken, daß er nicht bereit ist, diese Entwicklung hinzunehmen. Entweder übernehmen die USA die Macht oder, noch gefährlicher, sie machen ihre drohenden Andeutungen wahr, ziehen sich zurück und überlassen uns schutzlos dem Expansionsstreben des Sowjetimperialismus. Die Anhänger der Friedensbewegung fürchten das nicht, weil sie davon ausgehen, daß die Sowjetunion in den letzten Jahrzehnten keinen Expansionsdrang nach Westeuropa gezeigt hätte. Sie lassen freilich außer acht, daß diese Tatsache in der amerikanischen Präsenz begründet sein könnte. Beide Weltmächte, die Sowjetunion und die USA, drohen uns mit ihrem militärischen Potential. Der Unterschied liegt darin: Die Sowjetunion droht, daß sie es gegen uns einsetzen und kommen könnte. Die Amerikaner drohen, daß sie es abziehen und gehen könnten.

Es bleibt für den Frieden kein anderer Weg als die völkerrechtlich immer gründlicher durchgeregelte Koexistenz zwischen Ost und West. Eine auf dieses Ziel hin gerichtete pragmatische Politik aber erfordert auch Festigkeit, Würde, Wahrheitsliebe, Rechtsgesinnung, demokratische Selbstachtung, Solidarität und Loyalität gegenüber den Freunden. Wirklicher Pragmatismus verträgt sich nicht mit Servilität gegenüber den Despotien.

44 Schluß

Heute stellt uns die Atombombe vor die Aufgabe, die Galgenfrist, die uns das Provisorium der Entspannung, wenn wir Glück haben, gewährt, zu nutzen, um eine stabile Weltfriedensordnung zu errichten. Eine solche läßt sich, wie Kant klar erkannte, nicht anders begründen als auf den Fortschritt des Rechts, das sowohl die innere Ordnung der Staaten als auch ihr äußeres Miteinanderleben gestaltet. Das Naturrechtsdenken der Aufklärung nahm von der Völkerrechtslehre Vitorias seinen Ausgang und mündete bei Kant wieder in die Völkerrechtslehre ein. Das Kernproblem des Friedens ist nicht die Abrüstung oder Rüstungsbegrenzung. Denn selbst einmal den Idealfall angenommen, alle weltzerstörerischen Waffen würden total abgerüstet, sie könnten innerhalb weniger Wochen wieder da sein; das technische Know-how ist unverlierbar. Deshalb kommt es nicht darauf an, »Feindbilder abzubauen« und »Vertrauen zu entwickeln«, sondern darauf, am Fortschritt des Rechts zu arbeiten, der dazu führt, daß die uns entgegengebrachte Feindschaft tatsächlich überwunden wird und daß das Vertrauen ein wirklich begründetes Vertrauen werden kann.

Dies wird in dem Maße der Fall sein, in dem die Anerkennung

der Verbindlichkeit des Rechts im Inneren und Äußeren zur Selbstverständlichkeit geworden ist. Dieses Ziel ist uns vor Augen gestellt. Solange es nicht erreicht ist, müssen wir uns mit dem provisorischen Frieden einer labilen Entspannung begnügen. Aber auch diesem dienen wir am besten, wenn wir das Fernziel eines stabilen Weltfriedens unverrückbar ansteuern und keinen Zweifel daran lassen, daß wir uns mit dem Unrecht niemals abfinden werden. Wir können uns ihm nur nähern, wenn wir moralisch unerschütterlich dafür eintreten. Und dafür bedarf es des Vertrauens, daß der seit Jahrtausenden erreichte Fortschritt nicht von heute auf morgen plötzlich am Ende ist, sondern sich fortsetzen wird – unter einer Voraussetzung: daß wir uns nicht entmutigen lassen, sondern die Verpflichtung erkennen, uns tatkräftig dafür einzusetzen.

Alle Anzeichen deuten darauf hin, daß Kant recht hatte und daß zur Friedenspolitik das Eintreten für das Recht des Menschen gehört. Auch der provisorische Friedenszustand ist relativ sicherer, wenn wir unbedingt am Rechtsprinzip und seiner auf Universalität gerichteten Dynamik festhalten. Nur dann besteht ein Gleichgewicht der demokratischen Weltrevolution gegenüber der sozialistischen Gegenrevolution, deren Dynamik mit verstärkter Kraft zu entfalten zur Definition der friedlichen Koexistenz im sowjetischen Verständnis gehört. Nur auf der Grundlage dieses Gleichgewichts sind wir kompromißfähig und gewinnen wir realistische Verhandlungschancen. Darüber hinaus sind wir nur dann berechenbar, wenn die andere Seite weiß, was wir hinnehmen und worauf wir empfindlich reagieren. Nur dann besteht die Chance, daß sie sich aus der Risikozone heraushält und ein Fehlkalkül vermeidet. Ohne diese Voraussetzungen machen wir uns erpreßbar und verlocken den anderen, die Grenze unserer Erpreßbarkeit zu testen und in riskante Situationen hineinzustolpern. Deshalb kann Friedenspolitik immer nur Akzidenz einer substantiellen Politik sein, sie kann unmöglich selbst zur Substanz der Politik werden. Der Versuch, sie dazu zu machen, ist unpolitischer Pazifismus, der bei Rückschlägen zurückweicht, das störende Rechtsbewußtsein relativiert oder preisgibt, unberechenbar macht und Aggressionen geradezu herausfordert.

Das Ziel eines »dauerhaften Friedens« mag utopisch erscheinen. Es anzusteuern hilft aber nicht nur den provisorischen Frieden sichern, sondern ist auch in sich selbst eine unaufgebbare Forderung und ist es heute mehr denn je. Das Risiko eines globalen Selbstmords bleibt ja auf unbestimmte Zeit bestehen. Auf die Dauer gibt es Sicherheit nur auf der Grundlage eines wirklich stabilen Weltfriedens, und diesen kann es nun einmal nicht anders geben als durch die universale Geltung des Rechtsprinzips, das nach innen und außen Anerkennung gefunden haben wird, als Menschenrecht und als Völkerrecht. Die Idee des Rechts hat indessen ihre zwingende Logik, die Konsequenz fordert und eine unaufhaltsame weltgeschichtliche Dynamik entfaltet, der auch die despotischen und hegemonialen Systeme auf Dauer nicht werden standhalten können. Wo sich der im Namen des Rechtsprinzips geübte Widerstand am unnachgiebigsten erweist – heute zum Beispiel in Polen –, dort ist derzeit der Hegelsche Weltgeist.

Soweit wir in die Geschichte zurückblicken können, wurde gegen das Rechtsprinzip eingewandt: Friede erfordere, sich mit dem Unrecht abzufinden. Niemals hat sich das als richtig erwiesen. In Wirklichkeit sind nicht nur Freiheit und Würde des Menschen, sondern auch die Bewahrung des Friedens auf rechtliche Sicherung angewiesen. Alle Freiheit und aller Friede waren Frucht des Kampfes ums Recht. Dieser mußte immer an zwei Fronten geführt werden: Nach außen gegen das Unrecht, nach innen gegen die Bereitschaft, sich mit dem Unrecht zu arrangieren, vor allem mit dem Unrecht, das andere erleiden.

Die Alternative, vor der wir stehen, lautet deshalb nicht: Menschenrecht oder Völkerrecht, sondern Recht oder Hinnahme des Unrechts, und im letzten Falle Hinnahme der Mißachtung sowohl der Menschenrechte als auch des Völkerrechts. Und deshalb lautet die weitere Alternative nicht »Recht oder Friede«, sondern entweder: Friede durch Recht, oder: weder Recht noch Friede.